中2 5科の一問一答

文英堂

contents［もくじ］

エネルギー

数学

英語

国語

本書の特長と使い方

重要事項を一問一答でらくらくチェック！

テストによく出る重要事項を，コンパクトな一問一答形式でまとめました。1単元を1ページで終えられるので，5教科まとめて短期間でチェックできます。

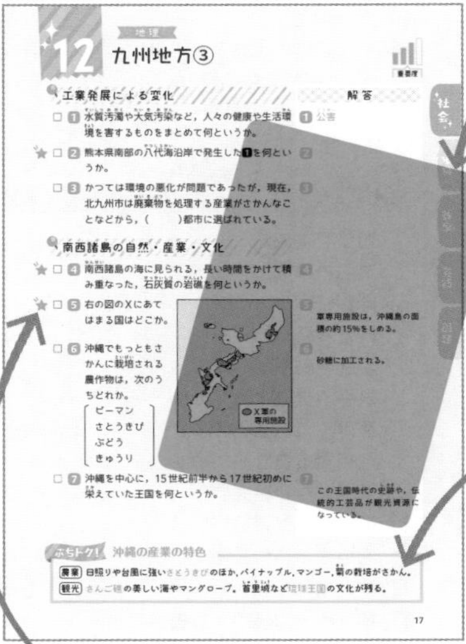

地理

12 九州地方③

重要度

工業発展による変化　　解答

□ 1 水質汚濁や大気汚染など，人々の健康や生活環境を害するものをまとめて何というか。　1 公害

★ □ 2 熊本県南部の八代海沿岸で発生した1を何というか。　2

□ 3 かつては環境の悪化が問題であったが，現在，北九州市は廃棄物を処理する産業がさかんなことなどから，(　　)都市に選ばれている。　3

南西諸島の自然・産業・文化

★ □ 4 南西諸島の海に見られる，長い時間をかけて積み重なった，石灰質の岩礁を何というか。　4

★ □ 5 右の図のXにあてはまる国はどこか。　5 軍専用施設は，沖縄島の面積の約15%をしめる。

□ 6 沖縄でもっともさかんに栽培される農作物は，次のうちどれか。
［ピーマン　さとうきび　ぶどう　きゅうり］　6 砂糖に加工される。

X軍の専用施設

□ 7 沖縄を中心に，15世紀前半から17世紀初めに栄えていた王国を何というか。　7 この王国時代の史跡や，伝統的工芸品が観光資源になっている。

ぷちトク！ 沖縄の産業の特色

農業 日照りや台風に強いさとうきびのほか，パイナップル，マンゴー，菊の栽培がさかん。

観光 さんご礁の美しい海やマングローブ。首里城など琉球王国の文化が残る。

17

社会

■赤フィルターでくり返し解いて成績アップ！

赤フィルターで答えがかくせるので，何度でもチェックができて，知識が定着→成績アップにつながります。できた問題の□欄に☑をつけて，まちがえた問題は解けるまでやり直しましょう。

■「ぷちトク！」でおトクな情報をゲット！

各ページの ぷちトク！ には，まちがえやすいポイントやゴロ合わせなど，スッと読めて，テストに役立つ情報がのっています。

■重要な問題をとりこぼさない！

とくに重要な問題には，★マークがついています。必ず解けるようにしておきましょう。

SOCIAL STUDIES

社会

地理

歴史

地理

1 地域の調査

重要度

地形図

解答

□ **1** 地形図は，国土交通省の特別の機関である(　　　)から発行されている。

1 国土地理院《こくどちりいん》

□ **2** 実際の距離《きょり》を縮小した割合を何というか。

2 縮尺《しゅくしゃく》

★ □ **3** 地形図で，高さが等しい地点を結んだ線を何というか。

3 等高線《とうこうせん》

□ **4** **3**の間隔《かんかく》が広いとき，傾斜《けいしゃ》は急，ゆるやかのどちらか。

4 ゆるやか

★ □ **5** 右の図のA～Cの地図記号が表しているものは，それぞれ次のうちどれか。

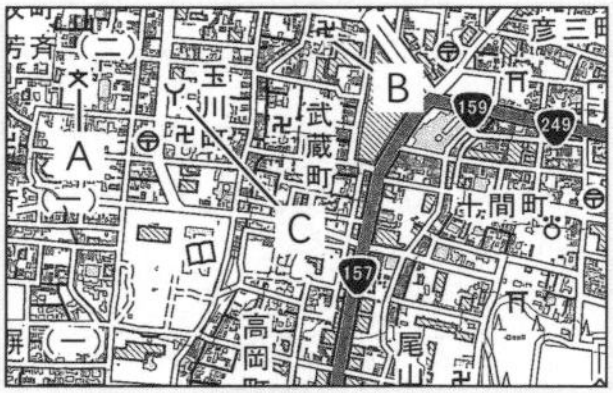

(**1**発行2万5千分の1地形図)

〔神社　　寺院　　小・中学校
消防署　　警察署〕

5 A 小・中学校
B 寺院
C 消防署
Cは火消しの道具であったさすまたを表している。

★ □ **6** 2万5千分の1地形図で，2地点間の長さが3cmのとき，実際の距離は何mか。

6 750m

地域の調査方法

□ **7** 身近な調査を行うときに，まず最初に決めるのは何か。

7 (調査)テーマ

□ **8** あることに関してくわしい人たちに会い，直接話を聞く調査方法を何というか。

8 聞き取り調査

ぷちトク！ 地形図の読み取りのコツ

等高線の間隔 せまい→傾斜が急。広い→傾斜がゆるやか。

実際の距離 (地図上の長さ)×(縮尺の分母)で求める。

地理

2 日本の地形の特色

重要度

日本の山地と川がつくる地形

□ **1** 土地の沈《しず》みこみや盛り上がりなどにより，山地や山脈がつらなっている地域を何というか。

★ □ **2** 本州《ほんしゅう》中央部にある飛騨《ひだ》・木曽《きそ》・赤石《あかいし》の3つの山脈をまとめて何というか。

□ **3** **2**の東側にあり，日本列島を大きく東西に分ける，断層《だんそう》が集まった地帯を何というか。

□ **4** 周囲を山地によって囲まれた平地を何というか。

★ □ **5** 山地から流れ出した土砂《どしゃ》が，平野や**4**にたまってできる扇形《おうぎがた》の地形を何というか。

★ □ **6** 川が海や湖に流れ出る河口《かこう》に，土砂が積もってできる地形を何というか。

日本の海岸と海洋

★ □ **7** 小さな岬《みさき》と湾《わん》がくり返す，入り組んだ海岸を何というか。

□ **8** 右の図のAのように，海岸からゆるやかに傾斜《けいしゃ》しながら続く，浅くて平らな海底を何というか。

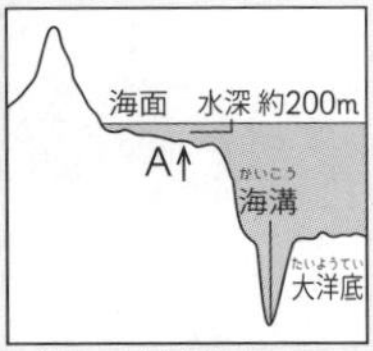

□ **9** 太平洋の日本近海にある，暖流の黒潮《くろしお》(日本海流)と寒流の親潮《おやしお》(千島《ちしま》海流)がぶつかる海域を何というか。

解答

1 造山帯《ぞうざんたい》
プレート間の境界にあたる。

2 日本アルプス
[日本の屋根]

3 フォッサマグナ
「大きな溝《みぞ》」という意味。

4 盆地《ぼんち》

5 扇状地《せんじょうち》

6 三角州《さんかくす》

7 リアス海岸
三陸《さんりく》海岸や志摩《しま》半島など。

8 大陸棚《たいりくだな》

9 潮目《しおめ》［潮境《しおざかい》］
海中に栄養分が多く，プランクトンが集まるため，好漁場となる。

ぷちトク! フォッサマグナの東側と西側

① 東側…山地や山脈がほぼ南北方向に並んでいる。
② 西側…山地や山脈がほぼ東西方向に並んでいる。

地理

3 日本の気候

重要度

日本の気候の特徴

解答

☆ □ **1** 本州《ほんしゅう》や九州，四国の大部分が属する気候帯を何というか。

1 温帯《おんたい》

□ **2** 北海道が属する気候帯を何というか。

2 冷帯《れいたい》［亜寒帯《あかんたい》］

☆ □ **3** 日本の気候に影響《えいきょう》をあたえる，夏に海から大陸へ，冬に大陸から海へふく風を何というか。

3 季節風《きせつふう》［モンスーン］
日本に四季がはっきりとある原因。

□ **4** 5月から7月ごろに見られる，降水量の多い時期を何というか。

4 梅雨《つゆ》《ばいう》

□ **5** 赤道《せきどう》付近で発生し，日本など東アジアに向かって北上してくる，最大風速約17m/秒以上の熱《ねっ》帯低《たいてい》気圧《きあつ》を何というか。

5 台風
日本へはおもに夏から秋にかけて襲来《しゅうらい》する。

日本の6つの気候区分

□ **6** 1年を通して降水量が少なく，冬の寒さが厳しい気候を何というか。

6 北海道の気候

☆ □ **7** 右の図のように，冬の降水量が多い気候を何というか。

7 日本海側《にほんかいがわ》の気候

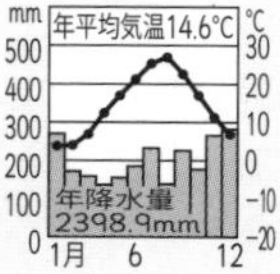

（『理科年表 2021年』）

□ **8** 冬は乾燥《かんそう》した日が多く，夏に降水量が多い気候を何というか。

8 太平洋側《たいへいようがわ》の気候

□ **9** 1年を通して降水量が少なく，夏と冬の気温の差が大きい気候を何というか。

9 内陸《ないりく》の気候
［中央高地《ちゅうおうこうち》の気候］

☆ □ **10** 1年を通して降水量が少なく，比較的《ひかくてき》温暖な気候を何というか。

10 瀬戸内《せとうち》の気候

□ **11** 1年を通して温暖で，降水量が多い気候を何というか。

11 南西諸島《なんせいしょとう》の気候

ぷちトク! まちがえやすい気候の特徴《とくちょう》

① 北海道→1年を通して気温が低く，とくに冬の寒さが厳しい。降水量も少ない。
② 日本海側→冬に雪が多い。夏の気温は高い。

地理

4 日本の自然災害

重要度

さまざまな自然災害

★ □ **1** 地下のプレートの衝突《しょうとつ》などにより，岩盤《がんばん》が破壊《はかい》されて発生する自然災害を，何というか。

□ **2** 日本は，(　　　　)造山帯《ぞうざんたい》に属していることから，**1**が多く，火山の活動が活発である。

□ **3** **1**の揺《ゆ》れによって，土砂崩《どしゃくず》れや，地盤《じばん》が液体のようになる(　　　　)が発生することがある。

★ □ **4** **1**の震源《しんげん》が海底の場合に発生することがある，沿岸部に被害《ひがい》がでる自然災害を何というか。

□ **5** 大雨により起こる自然災害は次のうちどれか。
〔干害《かんがい》　洪水《こうずい》　高潮《たかしお》　冷害《れいがい》〕

自然災害への取り組み

□ **6** 自然災害の被害を防ぐ取り組みを何というか。

□ **7** 自然災害の被害をできるだけ少なくする取り組みを何というか。

□ **8** 災害時に，国や都道府県，市区町村が被災者《ひさいしゃ》の救助や支援《しえん》を行うことを何というか。

★ □ **9** 都道府県や市区町村などがつくる，自然災害による被害の予測や避難《ひなん》場所などを示した右のような地図を何というか。

解答

1 地震《じしん》

2 環太平洋《かんたいへいよう》

3 液状化《えきじょうか》

4 津波《つなみ》

5 洪水

6 防災《ぼうさい》

7 減災《げんさい》

8 公助《こうじょ》
自分自身を守る→自助。
地域の人で助け合う→共助《きょうじょ》。

9 ハザードマップ
[防災マップ]

ぷちトク! 冷害が起こるワケ

① 東北地方の太平洋側にやませ(冷たく湿《しめ》った北東の風)がふく→② やませの影響《えいきょう》で夏の気温が上がらない→③ 稲《いね》などの農作物が十分に育たない冷害が発生。

地理

5 日本の人口の特色

重要度

人口の分布

解答

□ **1** 東京・大阪・名古屋《なごや》を中心とする都市圏《としけん》のことをまとめて何というか。

1 三大都市圏

□ **2** 地方の政治や経済の中心となっている都市を何というか。

2 地方中枢《ちゅうすう》都市

□ **3** 政府によって指定を受けた人口50万人以上の都市のことを何というか。

3 政令指定《せいれいしてい》都市

★ □ **4** ある地域に人口が集中しすぎる状態を何というか。

4 過密《かみつ》

★ □ **5** ある地域の人口が減り，地域社会の維持《いじ》が困難になる状態を何というか。

5 過疎《かそ》

□ **6** 都心部の人口が減少し，郊外《こうがい》の人口が増加する現象を何というか。

6 ドーナツ化現象

★ □ **7** 日本のように子どもの数が減少し，高齢者《こうれいしゃ》の割合が増えている社会を何というか。

7 少子《しょうし》高齢社会
日本は2010年ごろから人口が減少している。

人口構成

□ **8** ある国や地域の，男女別・年齢《ねんれい》層別の人口構成を表したグラフを何というか。

8 人口ピラミッド

□ **9** 右の図は，ある発展途上国の**8**である。この図が表す形の種類は，次のうちどれか。
〔つりがね型　富士山《ふじさん》型
つぼ型〕

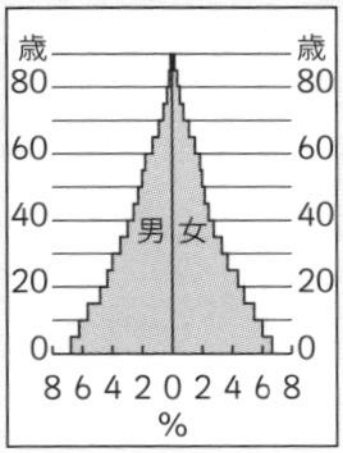

9 富士山型
つりがね型は出生率と死亡率がともに低い人口停滞《ていたい》型。富士山型は出生《しゅっしょう》率と死亡率がともに高い人口増加型。つぼ型は出生率と死亡率がより低い人口減少型。

ぷちトク！ IターンとUターン

Iターン 大都市から，出身地とは別の地域に移り住むこと。

Uターン 出身地から大都市に移り住んだあと，再び出身地にもどって住むこと。

地理

6 日本の資源とエネルギー

重要度

資源とエネルギー

解答

□ **1** エネルギー資源や工業の原料として利用される鉄鉱石や石炭などの鉱物を何というか。

1 鉱産資源

□ **2** 西アジアのペルシャ湾沿岸で産出量が多い**1**を何というか。

2 石油［原油］

★ □ **3** 右の図のA，Bにあてはまる発電所をそれぞれ何というか。

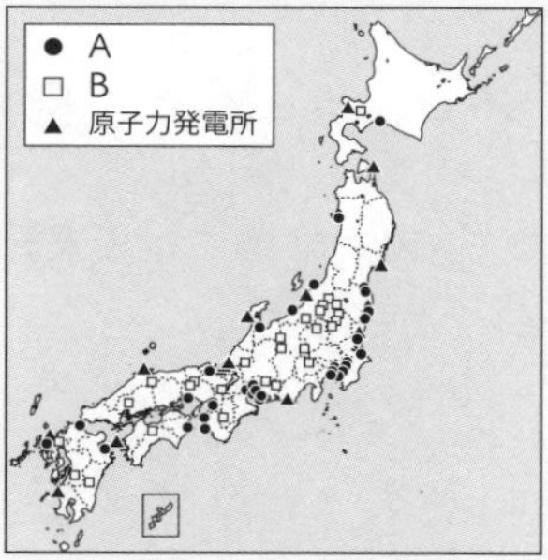

3 A 火力発電所
石油や石炭，天然ガスを燃料として発電。電力需要《じゅよう》の多い工業都市や大都市の近くに多い。

B 水力発電所
川の高低差を使って発電するため，山間部に多い。

環境への配慮

★ □ **4** 温室効果《おんしつこうか》ガスの増加により，地球の平均気温が上昇《じょうしょう》する現象を何というか。

4 地球温暖化《ちきゅうおんだんか》

★ □ **5** 太陽光，風力，地熱《ちねつ》など，くり返し利用することができるエネルギーを何というか。

5 再生可能《さいせいかのう》エネルギー

□ **6** 不要になった製品を資源にもどすなどして，再生利用することを何というか。

6 リサイクル

□ **7** 埋蔵量《まいぞうりょう》が非常に少ない金属や，純粋《じゅんすい》なものを取り出すことが難しい希少《きしょう》な金属を何というか。

7 レアメタル

□ **8** 将来《しょうらい》の世代のことも考えて，限りある資源を有《ゆう》効《こう》に利用する社会を何というか。

8 持続可能《じぞくかのう》な社会

ぷちトク！ おもな資源の日本の輸入先

原油 サウジアラビア，アラブ首長国連邦《しゅちょうこくれんぽう》など

石炭 オーストラリア，インドネシアなど

鉄鉱石 オーストラリア，ブラジルなど

地理

7 日本の農林水産業

重要度

日本の農業

解答

□ **1** 大都市の周辺部で，大都市の消費者向けに，鮮《せん》度《ど》が求められる野菜や果実などを生産する農業を何というか。

1 近郊《きんこう》農業

★ □ **2** 温暖《おんだん》な気候などを生かして農作物の生長を早める栽培《さいばい》方法を何というか。

2 促成《そくせい》栽培

★ □ **3** 涼《すず》しい気候を生かして農作物の生長を遅《おく》らせる栽培方法を何というか。

3 抑制《よくせい》栽培

□ **4** 国内で消費する食料のうち，国内で生産された量の割合を何というか。

4 食料自給率
日本は多くの食料を輸入にたよっている。

日本の林業・漁業

□ **5** 日本の森林の6割以上をしめる，人の手によって育てられた森林を何というか。

5 人工林

□ **6** 右の図のA～Cのそれぞれにあてはまる漁業は，次のうちどれか。

［遠洋《えんよう》漁業　沿岸漁業　沖合《おきあい》漁業］

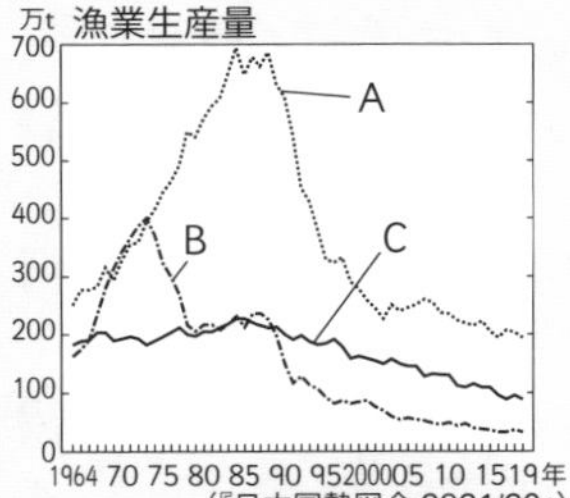

(『日本国勢図会 2021/22』)

6 A 沖合漁業
B 遠洋漁業
C 沿岸漁業
遠洋漁業はロシアなどによる漁業権の主張によって，沖合漁業は日本近海での不漁によって漁獲量《ぎょかくりょう》が減少《げんしょう》した。

★ □ **7** 魚や貝を，いけすなどで大きくなるまで育ててからとる漁業を何というか。

7 養殖《ようしょく》漁業［養殖業］

★ □ **8** 稚魚《ちぎょ》を川などに放流し，大きくなってからとる漁業を何というか。

8 栽培《さいばい》漁業

ぷちトク！ 覚えておきたい日本の農業の課題

① 農業人口の高齢《こうれい》化→農業人口の約7割が65歳《さい》以上。若い就業者の減少。

② 海外の農産物の輸入増大→価格が安い外国産の農産物に，国産が苦戦。

地理

8 日本の工業，商業・サービス業

重要度

日本の工業

解答

□ **1** 日常生活で使う比較的《ひかくてき》軽い製品を生産する工業を何というか。

1 軽工業

□ **2** 大きな設備を必要とし，比較的重い製品を生産する工業を何というか。

2 重工業

★□ **3** 右の図のXにあてはまる，日本でもっとも工業出荷《しゅっか》額が多い工業地帯を何というか。

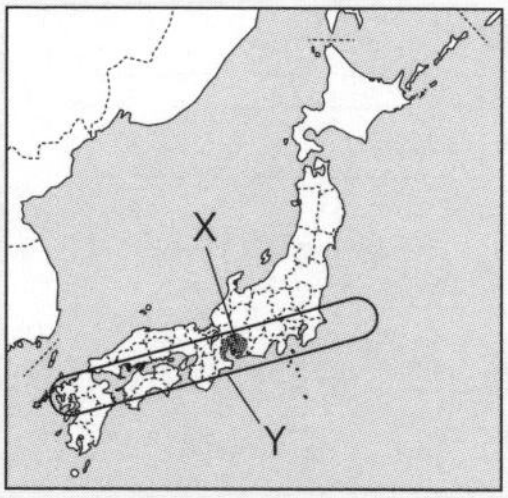

3 中京《ちゅうきょう》工業地帯
自動車などの機械工業がさかんである。

★□ **4** 右の図のYにあてはまる，関東地方から九州地方北部にかけて工業地帯・地域が連なる帯状《おびじょう》の地域を何というか。

4 太平洋《たいへいよう》ベルト

★□ **5** 日本が行ってきた，原料や燃料を輸入し，製品を輸出する貿易を何というか。

5 加工貿易
現在は，工業製品の輸入が増加している。

□ **6** 海外に工場をつくり生産することで，国内の産業が衰退《すいたい》する現象を「産業の(　　　)」という。

6 空洞化《くうどうか》

日本の商業・サービス業

□ **7** 第3次産業にあてはまるものは次のうちどれか。
〔運輸業　　建設業　　林業　　鉱工業〕

7 運輸業

□ **8** 第3次産業のうち，飲食業や金融《きんゆう》業，教育などからなる産業を何というか。

8 サービス業

ぷちトク！ 工業のグローバル化

① 日本企業《きぎょう》の海外進出…昔はアメリカやヨーロッパ，現在は中国や東南アジアへ進出。

② 工業製品の輸入増加…日本企業の海外工場で生産された工業製品の輸入も増加。

地理

9 日本の交通・通信，7地方区分

重要度

日本の交通網・通信網

解答

★ □ **1** 航空機での輸送に適したものは，次のうちどれか。
〔生産用機械　石油　電子部品　自動車〕

1 電子部品
軽量で価格が高いものなどが航空輸送に適している。

□ **2** 右の図のA～Cにあてはまる輸送手段は，それぞれ次のうちどれか。

旅客《りょかく》輸送量割合

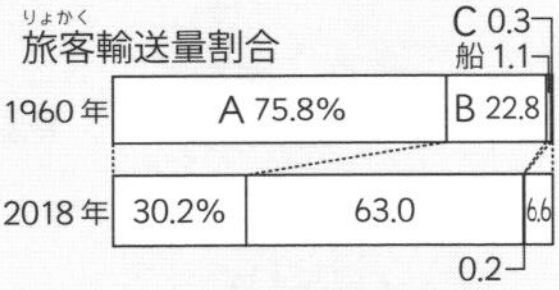

（『交通関連統計資料集』ほか）

〔自動車　航空機　鉄道〕

2 A 鉄道
B 自動車
C 航空機

□ **3** 日本で高度経済成長期以降に整備されてきた，都市間を新幹線《しんかんせん》や高速道路，航空路などで結ぶ交通網《もう》をまとめて何というか。

3 高速交通網
都市間の移動にかかる時間が大幅《おおはば》に短縮《たんしゅく》された。

★ □ **4** 情報通信技術を，アルファベットの略称で何というか。

4 ICT

□ **5** **4**を利用できる人とできない人との間に生じる差のことを何というか。

5 情報格差

7地方区分

★ □ **6** 7地方区分のうち，右の図のA～Cにあてはまる地方を，それぞれ何というか。

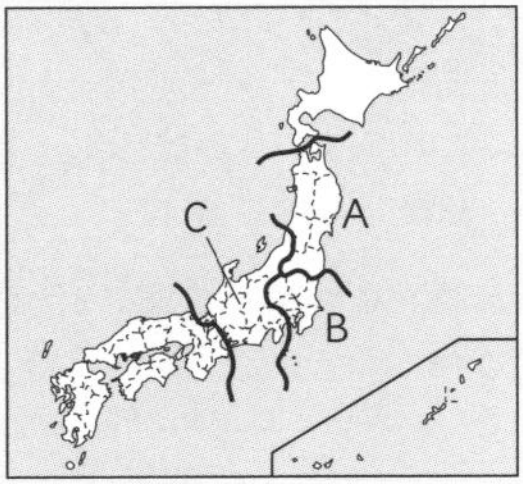

6 A 東北地方
B 関東地方
C 中部地方

ぷちトク！ 覚えておきたい輸送手段の特徴《とくちょう》

航空機　軽量で価格の高いものや，野菜など新鮮《しんせん》さが求められるものが適している。

船舶《せんぱく》　重量の重い鉱産資源や自動車などの機械類の輸送に適している。

地理

10 九州地方①

重要度

自然

□ **1** 右の図のXの平野を何というか。

□ **2** 右の図のYの川を何というか。

★□ **3** 右の図の阿蘇山《あそさん》に見られる，火山の噴火《ふんか》によってできた巨大《きょだい》なくぼ地を何というか。

★□ **4** 上の図の▬に見られる，火山の噴出物《ふんしゅつぶつ》が厚く積もってできた地形を何というか。

□ **5** 大隅《おおすみ》半島より南の鹿児島県の島々と，沖縄県の島々をあわせて何というか。

気候と火山の恵み

□ **6** 九州では，5月～7月ごろの（ a ）の時期から（ b ）が接近・通過する時期にかけて，降水量が特に多い。

□ **7** 九州地方は火山が多いことから，日本の（　　　）の源泉数の3割以上が集まり，貴重な観光資源となっている。

★□ **8** 火山によってもたらされるエネルギーを利用した発電方法を何というか。

解答

1 筑紫《つくし》平野

2 筑後川《ちくごがわ》

3 カルデラ
豊かな自然を生かした観光業がさかん。

4 シラス台地
水を非常に通しやすい。

5 南西《なんせい》諸島

6 a 梅雨《つゆ》《ばいう》
b 台風

7 温泉

8 地熱《ちねつ》発電
地下にある高温の水や蒸気《じょうき》を使って発電している。

ぷちトク！ 九州地方の自然災害

① カルデラがある阿蘇山や桜島《さくらじま》（御岳《おんたけ》）などの火山の噴火→農作物などへの被害《ひがい》。
② 台風などによる集中豪雨《ごうう》→洪水《こうずい》や土砂《どしゃ》災害などが発生。

地理

11 九州地方②

重要度

農業

解答

□ **1** 九州南部などでさかんな，牛や豚《ぶた》などを飼育する農業を何というか。

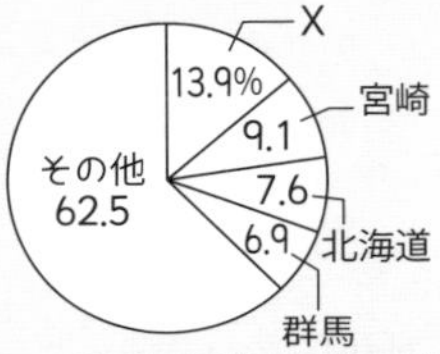

(2019年)(『日本国勢図会 2021/22』)

1 畜産《ちくさん》

□ **2** 右の図は，豚の飼育頭数割合を示している。Xにあてはまるのは何県か。

2 鹿児島(県)

この県には，シラス台地が広がっている。

□ **3** 筑紫《つくし》平野でさかんな，1年のうちに同じ耕地で2種類の作物をつくる農業を何というか。

3 二毛作《にもうさく》

稲作《いなさく》が終わったあとの水田で，小麦や大麦などを栽培《さいばい》。

□ **4** 九州南部でさかんな，温暖《おんだん》な気候を生かし，ビニールハウスなどを利用して野菜などの出荷《しゅっか》時期を早める栽培方法を何というか。

4 促成《そくせい》栽培

□ **5** 宮崎平野でとくにさかんに生産されている農作物は，次のうちどれか。

〔キャベツ　りんご　きゅうり　トマト〕

5 きゅうり

ピーマンの栽培もさかん。

工業

□ **6** 福岡県北九州市を中心に発展した，鉄鋼《てっこう》業がさかんであった工業地帯を何というか。

6 北九州工業地帯

[北九州工業地域]

□ **7** 明治《めいじ》時代に，現在の北九州市に建設された，官《かん》営《えい》の製鉄所を何というか。

7 八幡《やはた》製鉄所

□ **8** 九州では1970年代に(　　　)(集積回路)の工場が急増し，電気機械工業がさかんになった。

8 IC

ぷちトク! 九州地方の農業の特徴《とくちょう》

北部　筑紫平野で稲作がさかん。二毛作も行われている。

南部　シラス台地で畜産と畑作がさかん。宮崎平野で促成栽培(きゅうりやピーマン)。

地理

12 九州地方③

重要度

工業発展による変化

□ **1** 水質汚濁《すいしつおだく》や大気汚染《たいきおせん》など，人々の健康や生活環《かん》境《きょう》を害するものをまとめて何というか。

★ □ **2** 熊本県南部の八代海《やつしろかい》沿岸で発生した**1**を何というか。

□ **3** かつては環境の悪化が問題であったが，現在，北九州市は廃棄物《はいきぶつ》を処理する産業がさかんなことなどから，(　　　)都市に選ばれている。

解答

1 公害《こうがい》

2 水俣病《みなまたびょう》

3 環境モデル

南西諸島の自然・産業・文化

★ □ **4** 南西《なんせい》諸島の海に見られる，長い時間をかけて積み重なった，石灰質《せっかいしつ》の岩礁《がんしょう》を何というか。

★ □ **5** 右の図のXにあてはまる国はどこか。

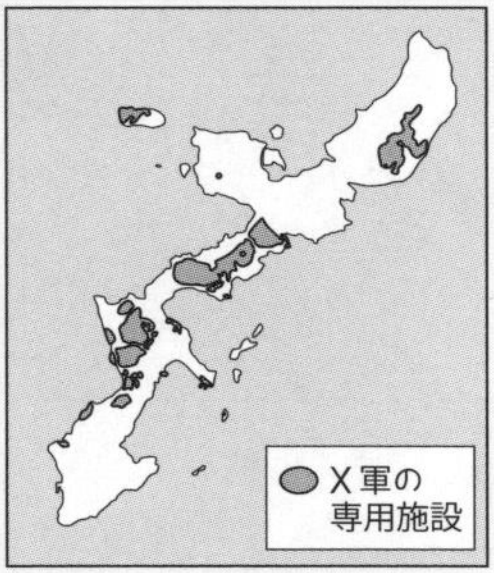

□ **6** 沖縄でもっともさかんに栽培《さいばい》される農作物は，次のうちどれか。

[ピーマン　さとうきび　ぶどう　きゅうり]

□ **7** 沖縄を中心に，15世紀前半から17世紀初めに栄《さか》えていた王国を何というか。

4 さんご礁《しょう》［サンゴ礁］

5 アメリカ(合衆国《がっしゅうこく》)
軍専用施設は，沖縄島の面積の約15%をしめる。

6 さとうきび
砂糖に加工される。

7 琉球《りゅうきゅう》王国
この王国時代の史跡《しせき》や，伝統的工芸品が観光資源になっている。

ぷちトク! 沖縄の産業の特色

(農業) 日照りや台風に強いさとうきびのほか，パイナップル，マンゴー，菊《きく》の栽培がさかん。

(観光) さんご礁の美しい海やマングローブ。首里城《しゅりじょう》など琉球王国の文化が残る。

13 中国・四国地方①

重要度

地域区分と自然

★ □ **1** 中国・四国地方を3つに分けた，右の図のA～Cの地域を，それぞれ何というか。

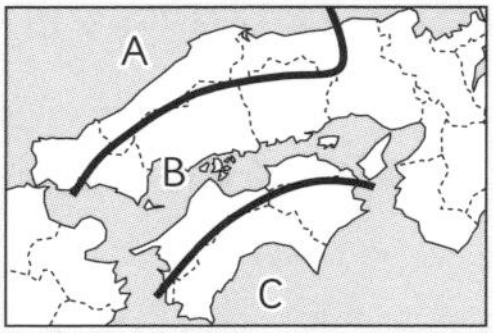

□ **2** 上の図のAの気候に影響《えいきょう》をあたえる，冬に北西からふく風を何というか。

★ □ **3** 降水量《こうすいりょう》が少ない讃岐《さぬき》平野などで，水不足を防ぐためにつくられた人工の池を何というか。

交通網の整備とその影響

★ □ **4** 本州《ほんしゅう》と四国を結ぶ右の図のA～Cのルートを，まとめて何というか。

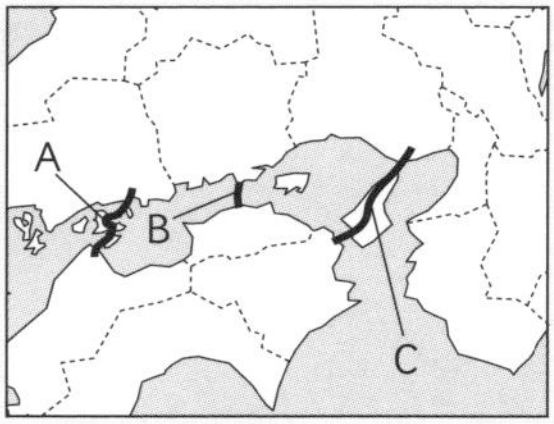

□ **5** 右の図のBにある，1988年に開通した橋を何というか。

□ **6** 上の図のCの本州側にかかる，1998年に開通した橋を何というか。

□ **7** 交通網《もう》の整備により，他地域への移動が便利になったことで，人々が大都市に吸い寄せられるように移動する現象を何というか。

解答

1 A 山陰《さんいん》
B 瀬戸内《せとうち》
C 南四国《みなみしこく》

2 季節風《きせつふう》［モンスーン］
冬に雨や雪をもたらす。

3 ため池
農業用水として利用されてきた。

4 本州四国連絡橋《れんらくきょう》

5 瀬戸大橋《せとおおはし》

6 明石海峡《あかしかいきょう》大橋

7 ストロー現象
地方都市から大都市への買い物客が増えたり，地方都市の商店が閉鎖《へいさ》したりする。

ぷちトク！ 中国・四国地方の3つの地域区分とルート

① 3つの地域区分(山陰・瀬戸内・南四国)は，中国山地と四国山地を境に分けられる。
② 3つのルート(尾道《おのみち》－今治《いまばり》，児島《こじま》－坂出《さかいで》，神戸《こうべ》－鳴門《なると》)を本州四国連絡橋という。

地理

14 中国・四国地方②

重要度

交通網の発展と産業

解答

□ **1** 右の図の高知平野で栽培《さいばい》がさかんな農作物は，次のうちどれか。

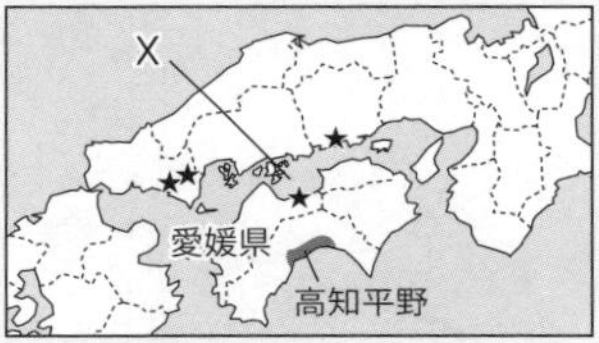

〔ねぎ　　レタス　　キャベツ　　なす〕

1 なす
冬でも温暖《おんだん》な気候を生かし，ビニールハウスなどを利用して，出荷《しゅっか》時期を早める促《そく》成《せい》栽培を行っている。

★ □ **2** 上の図の愛媛県でもっとも栽培がさかんな農作物は，次のうちどれか。
〔もも　　みかん　　ぶどう　　りんご〕

2 みかん
日当たりの良い斜面《しゃめん》の段々畑で栽培。

□ **3** 上の図のXの海域はおだやかで，複雑な海岸線に囲《かこ》まれているため，魚介類《ぎょかいるい》の（　　　）に適している。

3 養殖《ようしょく》
［養殖業，養殖漁業］

★ □ **4** 上の図のXの沿岸に発達した工業地域を何というか。

4 瀬戸内《せとうち》工業地域

★ □ **5** 上の図の★に形成された，石油化学工場と関連する工場などが多く集まっている地域を何というか。

5 石油化学コンビナート
原油の精製から石油製品への加工まで行われる。

地域の取り組み

□ **6** 中国・四国地方の山間部などで進む，人口が減少し，地域社会の維持《いじ》が困難になることを何というか。

6 過疎《かそ》(化)

□ **7** **6**が進む市町村が，観光資源などを生かして地域を活性化させる取り組みを何というか。

7 地域おこし
［村おこし，町おこし］

ぷちトク！ 瀬戸内海《せとないかい》沿岸の工業地域

① 埋《う》め立てにより広大な用地が得られた瀬戸内海沿岸→瀬戸内工業地域が発達。
② 石油化学工業→岡山県倉敷《くらしき》市水島《みずしま》地区や山口県周南《しゅうなん》市などに石油化学コンビナートが立地。

地理

15 近畿地方①

重要度

自然環境

解答

☆ □ **1** 右の図のXの湖を何というか。

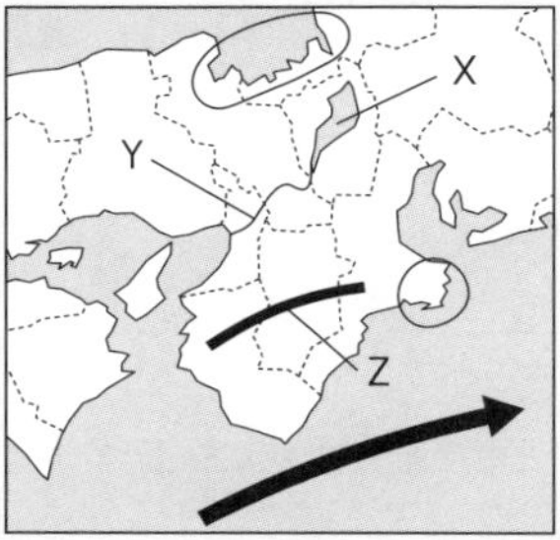

☆ □ **2** 右の図のYの大阪府を流れる川を何というか。

□ **3** 右の図のZの山地を何というか。

☆ □ **4** 上の図の◯に共通して見られる，複雑に入り組んだ海岸地形を何というか。

□ **5** 上の図の➡は，近畿《きんき》地方南部の気候に影響《えいきょう》をあたえる海流である。この海流を何というか。

気候

□ **6** 右の図の3地点のうち，夏の暑さが厳しく，冬は降水量が少なく，1年の気温差が大きい場所はどれか。

□ **7** 上の図の3地点のうち，冬に雪や雨が多い場所はどれか。

□ **8** 上の図の3地点のうち，夏の降水量が多い場所はどれか。

解答

1 琵琶湖《びわこ》
日本最大の湖である。

2 淀川《よどがわ》

3 紀伊《きい》山地
周辺では林業がさかん。

4 リアス海岸
三重県の志摩《しま》半島では真珠《しんじゅ》の養殖《ようしょく》がさかん。

5 黒潮《くろしお》［日本海流］

6 京都

7 舞鶴

8 潮岬

ぷちトク！ 近畿地方の公害・災害対策

① 琵琶湖で赤潮《あかしお》…産業・生活排水《はいすい》が原因。→りんをふくむ合成洗剤《せんざい》の使用禁止など。
② 神戸《こうべ》市などは，阪神《はんしん》・淡路大震災《あわじだいしんさい》により大きな被害《ひがい》→教訓として伝え政策に生かす。

地理

16 近畿地方②

重要度

都市のようす

□ 1 大阪や京都，神戸《こうべ》を中心に広がる都市圏《としけん》を何というか。

□ 2 都市の過密《かみつ》を解消するために，右の図の●の地域に建設された住宅団地などを何というか。

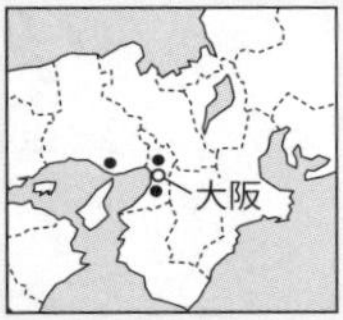

□ 3 京都や奈良は，古代から都《みやこ》が置かれ，長いあいだ日本の政治や文化の中心地であったことから何とよばれているか。

□ 4 上の図の大阪は，江戸《えど》時代，商業の中心地であったことから何とよばれていたか。

産業

□ 5 和歌山県でもっとも栽培《さいばい》がさかんな農作物は，次のうちどれか。
〔なし　いちご　みかん　ピーマン〕

□ 6 奈良県の(　　　)は，高品質な木材のブランドとして知られている。

□ 7 大阪湾《わん》沿岸に，重化学工業を中心に発達した工業地帯を何というか。

□ 8 大阪府の東部にある東大阪市や八尾《やお》市などには，中小企業《ちゅうしょうきぎょう》の(　　　)が多くあり，生活にかかわる工業製品を生産している。

解答

1 京阪神大都市圏《けいはんしん》
[大阪大都市圏]

2 ニュータウン

3 古都《こと》
京都には平安《へいあん》時代に平安京《へいあんきょう》，奈良には奈良時代に平城京《へいじょうきょう》が置かれた。

4 天下《てんか》の台所《だいどころ》

5 みかん
和歌山県ではかきやうめの栽培もさかん。

6 吉野《よしの》すぎ

7 阪神工業地帯

8 町工場
[工場]

ぷちトク！ 奈良と京都にあるおもな世界遺産

① 奈良…法隆寺《ほうりゅうじ》，東大寺《とうだいじ》，唐招提寺《とうしょうだいじ》，薬師寺《やくしじ》，平城宮跡《へいじょうきゅうせき》など。
② 京都…金閣《きんかく》，銀閣《ぎんかく》，清水寺《きよみずでら》，平等院《びょうどういん》，龍安寺《りょうあんじ》，二条城《にじょうじょう》など。

17

地理

中部地方①

重要度

自然環境と気候

解答

★ □ **1** 右の図の◯で囲まれた山脈をまとめて何というか。

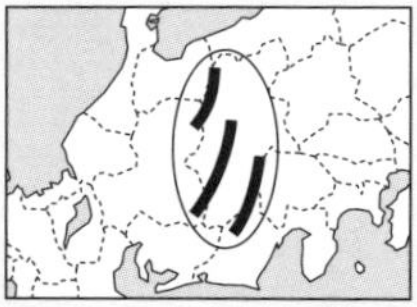

★ □ **2** 新潟県に広がる，稲作《いなさく》がさかんな平野を何というか。

★ □ **3** 岐阜県や愛知県を中心に広がり，輪中《わじゅう》が見られる平野を何というか。

★ □ **4** 新潟県などを流れる，日本でもっとも長い川を何というか。

□ **5** 中部地方を東海《とうかい》，北陸《ほくりく》，中央高地《ちゅうおうこうち》に分けたとき，冬にもっとも雪が多く降る地域はどれか。

□ **6** 中部地方を東海，北陸，中央高地に分けたとき，1年を通して降水量が少なく，冬の寒さが厳しい地域はどれか。

1 日本アルプス
[日本の屋根]
飛騨《ひだ》山脈，木曽《きそ》山脈，赤石《あかいし》山脈の総称《そうしょう》。

2 越後《えちご》平野

3 濃尾《のうび》平野
輪中は洪水《こうずい》を防ぐ堤防《ていぼう》である。

4 信濃川《しなのがわ》

5 北陸
北西の季節風《きせつふう》の影響《えいきょう》を受けている。

6 中央高地
軽井沢《かるいざわ》町など，夏は避暑《ひしょ》地となっている地域もある。

都市圏のようす

□ **7** 愛知県の県庁所在地を中心とする都市圏《としけん》を何というか。

□ **8** 東海には，東名《とうめい》・名神《めいしん》高速道路や(　　　)新幹線など，主要な交通網《もう》が整備されている。

□ **9** 愛知県の知多《ちた》半島の沖にある空港を何というか。

7 名古屋《なごや》大都市圏

8 東海道《とうかいどう》

9 中部国際空港
愛称《あいしょう》はセントレア。

ぷちトク！ 覚えておきたい中部地方の地形

① 日本アルプス…北から順に，飛騨山脈，木曽山脈，赤石山脈がつらなる。
② 平野…日本海側に越後平野，太平洋側に濃尾平野が広がる。

18 中部地方②

重要度

農業

□ **1** 北陸《ほくりく》では，雪におおわれる期間が長いため，稲《いな》作《さく》は(　　　)で行われる。

☆□ **2** 温室などを用い，都市向けに野菜や花などを栽培する農業を何というか。

□ **3** 愛知県で，日照時間を長くして温室で栽培されている花は，次のうちどれか。
〔菊《きく》　バラ　りんどう　カーネーション〕

☆□ **4** 夏でも涼《すず》しい気候を生かし，野菜の生長をおくらせる栽培方法を何というか。

□ **5** 高地において，**4**の方法で栽培される野菜をまとめて何というか。

☆□ **6** 右の図のA，Bにあてはまる農作物は，それぞれ次のうちどれか。

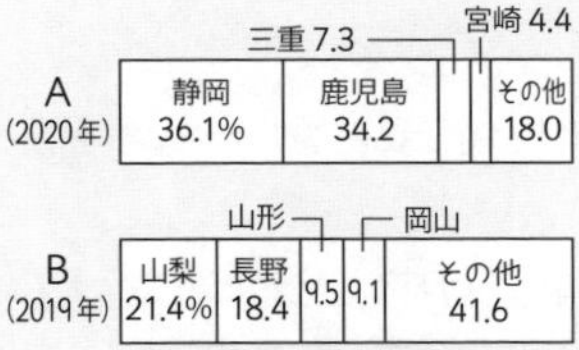

(『日本国勢図会 2021/22』)

〔キャベツ　茶
米　ぶどう〕

漁業

□ **7** 静岡県にある，漁獲量《ぎょかくりょう》が全国第3位(2019年)の漁港を何というか。

□ **8** **7**はインド洋や大西洋まで漁場とする(　　　)漁業の基地《きち》として栄《さか》えている。

解答

1 単作《たんさく》
1年間に1種類の農作物だけを栽培《さいばい》する。

2 施設園芸《しせつえんげい》農業
[園芸農業]

3 菊
電照によって開花時期を遅《おく》らせて出荷《しゅっか》している。

4 抑制《よくせい》栽培

5 高原野菜
レタスやキャベツなど。

6 A 茶
B ぶどう

7 焼津《やいづ》港

8 遠洋《えんよう》

ぷちトク! 中部地方の農業

北陸　稲作《いなさく》だけを行う水田単作。　中央高地《ちゅうおうこうち》　甲府盆地《こうふぼんち》でぶどうやもも，高地で高原野菜。

東海《とうかい》　野菜，花などの施設園芸農業。愛知県で電照菊《でんしょうぎく》，静岡県で茶，みかんの栽培。

19 地理

中部地方③

重要度

東海の工業

解答

★ □ **1** 右の図のA，Bに広がる工業地帯・地域をそれぞれ何というか。

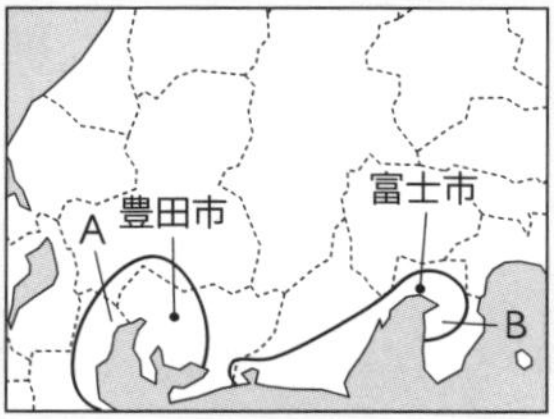

1 A 中京《ちゅうきょう》工業地帯
B 東海《とうかい》工業地域

★ □ **2** 右の図のAにふくまれる，豊田《とよた》市でもっともさかんな工業は次のうちどれか。
〔石油化学工業　鉄鋼業　自動車工業〕

2 自動車工業
第二次世界大戦後に大きく発展した。

□ **3** 上の図のBにふくまれる，富士《ふじ》市でもっともさかんな工業は次のうちどれか。
〔食品工業　窯業《ようぎょう》　製紙・パルプ工業〕

3 製紙・パルプ工業
富士山からの豊富なわき水を利用。

中央高地・北陸の工業

□ **4** 長野県の諏訪盆地《すわぼんち》で，明治《めいじ》時代に発達した工業を何というか。

4 製糸《せいし》業

□ **5** 長野県の諏訪盆地で，第二次世界大戦後に発達した，時計やレンズなどを生産する工業を何というか。

5 精密《せいみつ》機械工業
現在は電気機械工業がさかん。

★ □ **6** 古くから受け継《つ》がれてきた技術や，地元でとれる原材料などを生かし，地域と結びついて発達してきた産業を何というか。

6 地場《じば》産業
[伝統《でんとう》産業]

□ **7** **6**のうち，福井県鯖江《さばえ》市で生産がさかんなものは，次のうちどれか。
〔洋食器　眼鏡フレーム　和紙〕

7 眼鏡フレーム
国内生産量の約90%をしめる。

ぷちトク！ 北陸で地場産業がさかんなワケ

① **北陸の**冬は雪におおわれ，農業ができない→② **冬の期間は**室内で作業ができる副業**がさかんになる**→③ **副業で培《つちか》われた技術により，**地場産業**がさかんになる。**

地理

20 関東地方①

重要度

自然環境

解答

★ □ 1 流域面積が日本最大である，右の図のXの川を何というか。

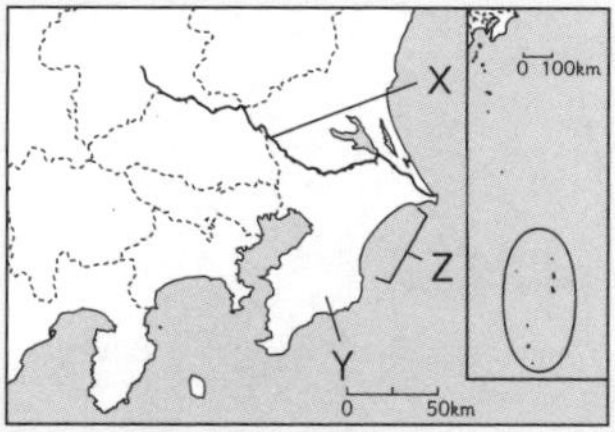

1 利根川《とねがわ》

□ 2 右の図のYの半島を何というか。

2 房総《ぼうそう》半島

□ 3 上の図のZの海岸を何というか。

3 九十九里浜《くじゅうくりはま》

□ 4 上の図の⬭で囲まれた島々を何というか。

4 小笠原《おがさわら》諸島

★ □ 5 関東平野の台地に広がる，火山灰《かざんばい》などが積もってできた赤土を何というか。

5 関東ローム
富士山《ふじさん》や箱根山《はこねやま》などの火山の噴火《ふんか》によって発生した火山灰が堆積《たいせき》。

気候

□ 6 関東地方の内陸は，夏と冬の気温差が大きく，とくに冬には(　　　)という北西の季節風《きせつふう》がふき，乾燥《かんそう》した晴れの日が多い。

6 からっ風

□ 7 関東地方の海沿いは，近くの海を(　　　)が流れているため，冬でも比較的《ひかく》温暖《おんだん》なことが特徴《とくちょう》である。

7 黒潮《くろしお》［日本海流］

★ □ 8 東京の都心部などで見られる，周辺地域よりも気温が高くなる現象を何というか。

8 ヒートアイランド現象

□ 9 近年では，短い時間で大雨になる(　　　)が夏に多く発生している。

9 局地的大雨
［ゲリラ豪雨《ごうう》］

ぷちトク! 関東地方の内陸と海沿いの気候のちがい

① 内陸…冬は北西の季節風の影響《えいきょう》で乾燥した日が続き，夏は気温が高くなる。

② 海沿い…近海を流れる黒潮(日本海流)の影響で冬は温暖。

地理

21 関東地方②

重要度

日本の首都東京

解答

□ **1** 日本の人口の約4分の1が集中する，首都《しゅと》を中心とした大都市圏《だいとしけん》を何というか。

1 東京大都市圏

□ **2** 右の図の千代田《ちよだ》区や中央《ちゅうおう》区，港《みなと》区など，政治や経済の重要な施設《しせつ》が集中する地区を何というか。

2 都心《としん》
国会議事堂や最高裁判所，大企業《きぎょう》の本社などが集中。

□ **3** 上の図の新宿《しんじゅく》，渋谷《しぶや》など，**2**に次いで中心となる機能をもつ地区を何というか。

3 副都心《ふくとしん》

□ **4** 上の図の千代田区など，オフィス街での昼夜間の人口を比べると，（ a ）人口よりも（ b ）人口のほうが多くなる。

4 a 夜間《やかん》
b 昼間《ちゅうかん》
都内の住宅地や，神奈川県，埼玉県などから通勤。

□ **5** ある地域の古い建物などを取りこわし，新しい目的に応じたまちにつくり直すことを何というか。

5 再開発

関東地方の交通網

□ **6** 東京都にある，国内線の中心として日本最大の旅客数をほこる空港を何というか。

6 東京国際空港
[羽田《はねだ》空港]

□ **7** 千葉県にある，**6**とともに「日本の空の玄関口《げんかんぐち》」とよばれる空港を何というか。

7 成田《なりた》国際空港

ぷちトク！ 首都・東京

① 政治…国会議事堂や中央省庁，最高裁判所などの政治の中心機関が集まる。
② 経済・情報…銀行や新聞社・出版社など，多くの企業の本社や本店が集まる。

地理

22 関東地方③

重要度

農業

解答

★ □ **1** 群馬県や茨城県，千葉県などで，大都市の消費者向けに新鮮《しんせん》な野菜などを生産する農業を何というか。

1 近郊《きんこう》農業

□ **2** 右の図のA，Bにあてはまる農産物は，それぞれ次のうちどれか。

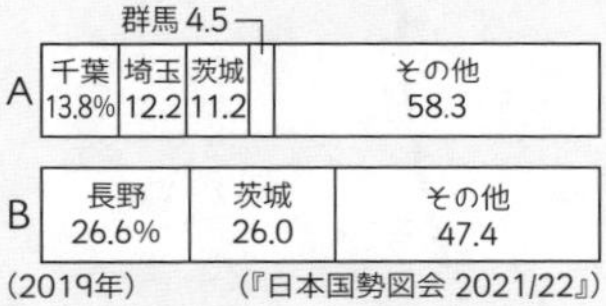

〔鶏卵《けいらん》　ねぎ　はくさい　いちご〕

2 A ねぎ
B はくさい
いちごは栃木県，鶏卵は茨城県などで生産量が多い。

★ □ **3** 群馬県の嬬恋《つまごい》村などで，夏でも涼《すず》しい気候を利用して栽培《さいばい》されている野菜を，まとめて何というか。

3 高原野菜
キャベツやレタスなど。

工業

★ □ **4** 東京都や神奈川県を中心に広がる，おもに機械工業がさかんな工業地帯を何というか。

4 京浜《けいひん》工業地帯

□ **5** 千葉県の東京湾《わん》沿岸部に広がる，おもに化学工業がさかんな工業地域を何というか。

5 京葉《けいよう》工業地域

□ **6** 関東地方の内陸部に広がる，おもに電気機械工業や自動車工業がさかんな工業地域を何というか。

6 北関東《きたかんとう》工業地域

□ **7** 東京都では，インターネットに関連した，(　　　)産業や広告業がさかんである。

7 情報通信技術
[ICT，情報通信]

ぷちトク！ 内陸部に工業地域ができたワケ

① 内陸では，もともとせんい工業や航空機の生産がさかん→② 県や市町村がその技術や広い土地を活用して工業団地をつくり，工場を積極的に誘致《ゆうち》→③ 工場が次々に進出。

23 地理 東北地方①

重要度

自然環境・気候

★ □ 1 右の図のXの山脈を何というか。

□ 2 右の図のYの平野を何というか。

□ 3 右の図のZの海岸を何というか。

★ □ 4 3の南部に見られる，複雑《ふくざつ》に入り組んだ海岸を何というか。

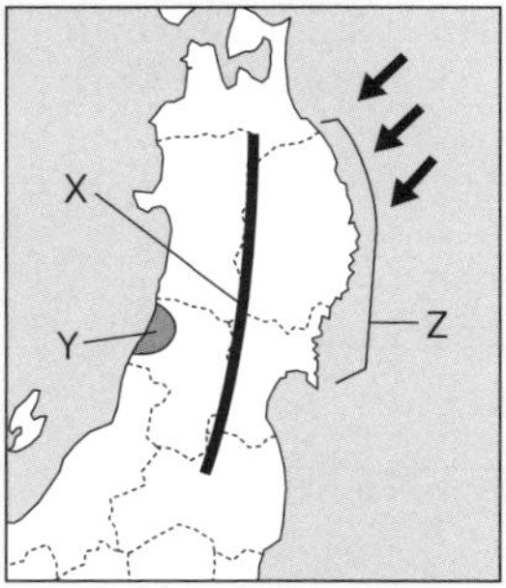

★ □ 5 上の図に ➡ で示した，夏にふく冷たく湿《しめ》った北東の風を何というか。

伝統的な生活・文化

□ 6 東北地方では，農作物の豊作を祈《いの》る春祭りなどの(　　　)が受け継《つ》がれている。

□ 7 東北三大祭りのうち，青森県で行われている祭りを何というか。

□ 8 東北三大祭りのうち，秋田県で行われている祭りを何というか。

□ 9 東北三大祭りのうち，宮城県で行われている祭りを何というか。

□ 10 江戸《えど》時代の城下町《じょうかまち》から発展した，東北地方で唯《ゆい》一《いつ》の政令《せいれい》指定都市はどこか。

解答

1 奥羽《おうう》山脈

2 庄内《しょうない》平野

3 三陸《さんりく》海岸

4 リアス海岸
波がおだやかなため，養殖《ようしょく》がさかん。

5 やませ
この風がふいた地域では，日照不足や低温が続くことがある。

6 伝統行事

7 (青森)ねぶた祭

8 (秋田)竿燈《かんとう》まつり

9 (仙台《せんだい》)七夕《たなばた》まつり

10 仙台市

ぷちトク！ 覚えておきたい東北地方の自然と伝統行事

① 中央に奥羽山脈が走り，三陸海岸南部にはリアス海岸が続いている。

② 夏に青森ねぶた祭，秋田竿燈まつり，仙台七夕まつりなどが行われる。

地理

24 東北地方②

重要度

農業・漁業

解答

★ □ **1** 東北地方の太平洋側でやませがふくと起こることがある，稲《いね》などが十分育たなくなる自然災害を何というか。

1 冷害《れいがい》
1993年には多くの地域で起こった。

★ □ **2** 右の図のA，Bにあてはまる農作物は，それぞれ次のうちどれか。

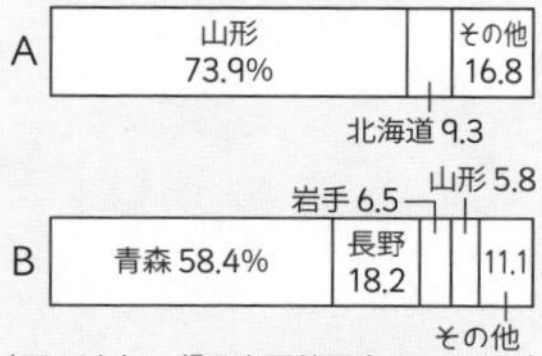

（2019年）　（『日本国勢図会 2021/22』）

［りんご　もも
みかん　さくらんぼ］

2 A さくらんぼ
B りんご
ももは山梨県や福島県，みかんは和歌山県などで生産がさかん。

★ □ **3** 三陸《さんりく》海岸沖にある，寒流の親潮《おやしお》(千島《ちしま》海流)と暖流の黒潮《くろしお》(日本海流)がぶつかり，多くの魚が集まる豊かな漁場を何というか。

3 潮目《しおめ》［潮境《しおざかい》］

★ □ **4** 三陸海岸の入り江《え》や陸奥湾《むつわん》などで行われている，魚介類《ぎょかいるい》をいけすなどで育てて増やす漁業を何というか。

4 養殖《ようしょく》漁業［養殖業］
かきやわかめ，ほたてなどをとる。

工業の発展

□ **5** 1980年代以降，東北地方の高速道路沿いに（　　　）がつくられ，電子部品や電気機械などをつくる工場が誘致《ゆうち》された。

5 工業団地《だんち》

□ **6** 伝統的工芸品のうち，会津塗《あいづぬり》は（　　　）県でつくられている。

6 福島

□ **7** 伝統的工芸品のうち，南部鉄器《なんぶてっき》は（　　　）県でつくられている。

7 岩手

ぷちトク！ 東北地方の産業のポイント

（農業）青森県でりんご，山形県でさくらんぼと洋なし，福島県でももの栽培《さいばい》がさかん。

（工業）交通網《もう》の発達により，高速道路沿いに工業団地がつくられ，工場が進出。

地理

25 北海道地方①

重要度

自然環境

解答

☐ **1** 右の図のA，Bの平野を，それぞれ何というか。

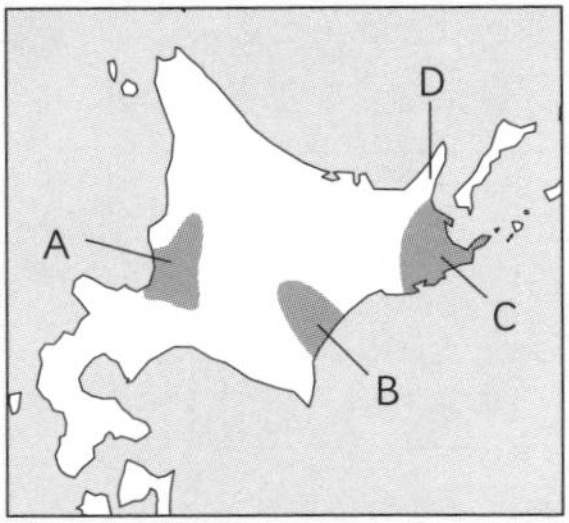

1 A 石狩《いしかり》平野
B 十勝《とかち》平野

☐ **2** 右の図のCの台地を何というか。

2 根釧《こんせん》台地

☐ **3** 右の図のDの半島を何というか。

3 知床《しれとこ》半島
世界自然遺産に登録されている。

★ ☐ **4** 北海道のほとんどの地域が属する気候帯を何というか。

4 冷帯《れいたい》［亜寒帯《あかんたい》］

★ ☐ **5** 北海道の太平洋側では，夏に南東の季節風《きせつふう》が寒流の（ a ）に冷やされて（ b ）が発生する現象が見られる。

5 a 親潮《おやしお》［千島《ちしま》海流］
b 濃霧《のうむ》

☐ **6** 冬のオホーツク海の沿岸に，北からおし寄《よ》せる氷を何というか。

6 流氷《りゅうひょう》
観光資源になっている。

北海道地方の歩み

☐ **7** 北海道に古くから住む，かつて狩《か》りや採集を行っていた先住民族を何というか。

7 アイヌ(民族)
［アイヌの人々］

☐ **8** 明治《めいじ》時代に，北海道の開拓《かいたく》のために置かれた役所を何というか。

8 開拓使《かいたくし》

★ ☐ **9** 明治時代に，北海道を開拓するために送られ，有事には兵士も兼《か》ねた人々を何というか。

9 屯田兵《とんでんへい》

ぷちトク！ 雪にそなえる生活のくふう

① ロードヒーティング…道路の下に通した電熱線や温水パイプの熱で雪をとかす。
② 住居のくふう…二重の窓や扉《とびら》，断熱性の高いかべ，傾斜《けいしゃ》のついた屋根など。

地理

26 北海道地方②

重要度

北海道の農業

解答

★ □ **1** 北海道の石狩《いしかり》平野は，かつて農業には適さない（ a ）が広がっていたが，稲作《いなさく》に適した土を運び入れる（ b ）を行うことなどにより，稲作がさかんになった。

1 a 泥炭地《でいたんち》
b 客土《きゃくど》
現在，石狩平野は日本有数の米の生産地。

□ **2** 同じ場所で毎年栽培《さいばい》する作物を定期的に変えることを，何というか。

2 輪作《りんさく》

★ □ **3** 十勝《とかち》平野や根釧《こんせん》台地でさかんな，乳牛《にゅうぎゅう》を飼育し，バターなどを生産する農業を何というか。

3 酪農《らくのう》

★ □ **4** 右の図のA，Bにあてはまる十勝平野で生産がさかんな農作物は，それぞれ次のうちどれか。

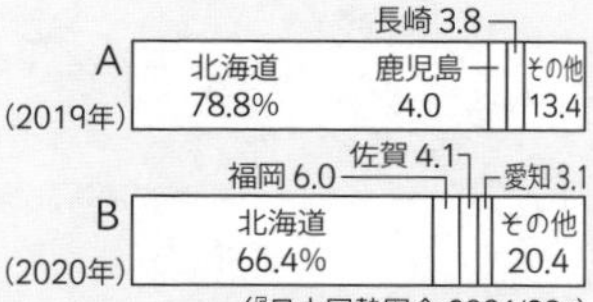

（『日本国勢図会 2021/22』）

〔小麦　さつまいも　なす　じゃがいも〕

4 A じゃがいも
B 小麦

北海道の漁業・観光業

□ **5** かつてさかんであった，アラスカ沖などの遠い海で行っていた漁業を何というか。

5 北洋《ほくよう》漁業
さけや，すけとうだらなどをとっていた。

★ □ **6** 現在さかんに行われている，稚魚《ちぎょ》や稚貝《ちがい》を育てて海にもどし，大きくなってからとる漁業を何というか。

6 栽培漁業

□ **7** 生態系《せいたいけい》の保全との両立をめざした観光業のあり方を何というか。

7 エコツーリズム

ぷちトク！ まとめる！北海道地方の農業・漁業

農業　石狩平野は土地改良で稲作，十勝平野で畑作と酪農，根釧台地で酪農がさかん。
漁業　かつては北洋漁業がさかん→1970年代以降は養殖《ようしょく》漁業や栽培漁業がさかん。

地理

ぷち まとめ

まとめて確認したい日本の自然と産業

日本のおもな自然環境《かんきょう》

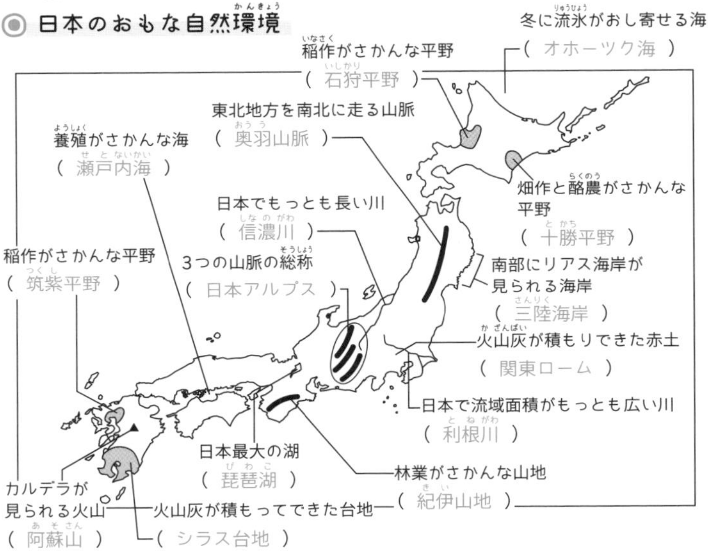

日本の農業

(りんご)

(みかん)

(ぶどう)

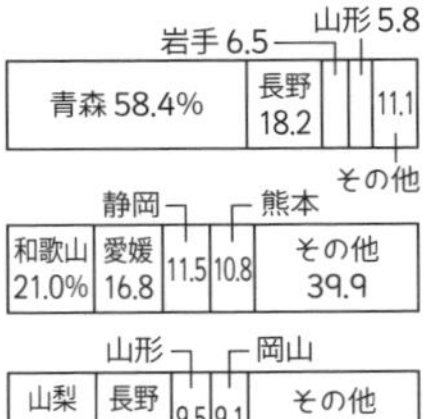

(2019年)(『日本国勢図会 2021/22』)

(近郊《きんこう》農業)…都市の消費者向けに野菜や果実などを栽培《さいばい》する農業

(促成《そくせい》栽培)…野菜などの出荷時期を早める栽培方法

日本の工業

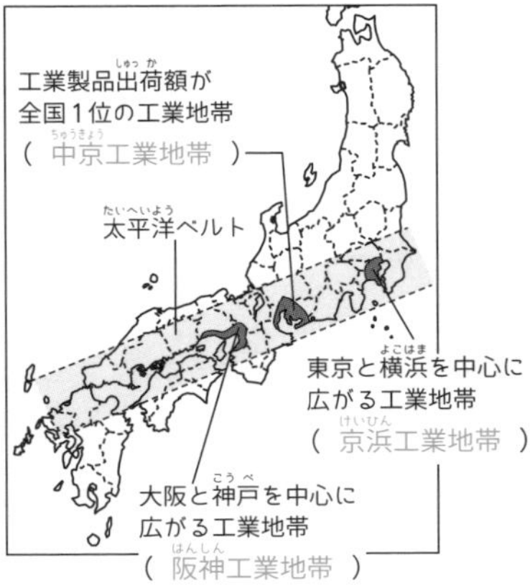

ヨーロッパ世界の発展

重要度

十字軍と宗教改革

□ 1 カトリック教会の最高指導者はだれか。

□ 2 聖地エルサレムを取り戻《もど》そうと，1のよびかけに応じて西ヨーロッパ諸国が組織した軍を何というか。

★□ 3 14世紀のイタリアから広がった，生き生きとした人間らしさを表現する文化の動きをカタカナで何というか。

★□ 4 16世紀，ドイツのルターは1が出した免罪符《めんざいふ》に反対して（ a ）を始めた。ルターらは「抗議《こうぎ》する者」という意味で（ b ）とよばれた。

□ 5 4の動きに対抗《たいこう》して，カトリック教会の改革を行った組織を何というか。

大航海時代

★□ 6 次の図のA～Cの航路で航海を行った人物や，船隊をひきいた人物はそれぞれだれか。

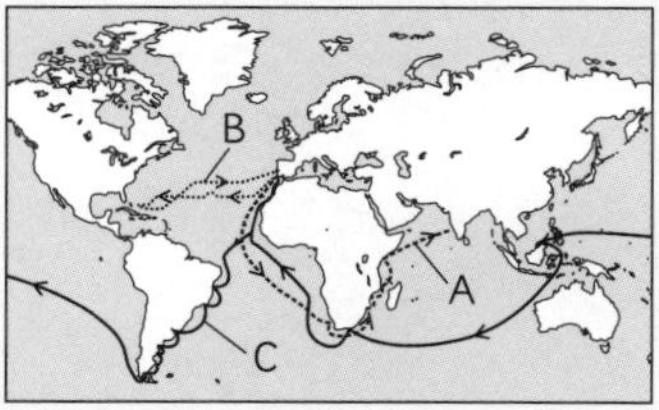

□ 7 17世紀に東インド会社を設立し，インドネシアを本拠地《ほんきょち》に日本と貿易を行った国はどこか。

解答

1 ローマ教皇《きょうこう》［法王］

2 十字軍《じゅうじぐん》

3 ルネサンス
レオナルド・ダ・ビンチやミケランジェロが活躍《かつやく》した。

4 a 宗教改革
b プロテスタント

5 イエズス会

6 A バスコ・ダ・ガマ
B コロンブス
C マゼラン

7 オランダ

ぷちトク！ ヨーロッパ人が海外進出をすすめたワケ

① イスラム商人を介《かい》さずに，直接アジアの香辛料《こうしんりょう》を手に入れようとしたから。

② カトリック教会が，キリスト教を布教しようとしたから。

歴史

28 キリスト教の伝来と天下統一

重要度

キリスト教の伝来

☐ **1** 1543年，種子島《たねがしま》に漂着《ひょうちゃく》したポルトガル人によって伝えられたものは何か。

☐ **2** 1549年に来日し，日本にキリスト教を伝えた人物はだれか。

☐ **3** ポルトガル人やスペイン人は日本で(　　　)人とよばれ，交易は(　　　)貿易とよばれた。

天下統一

☐ **4** 尾張《おわり》の戦国大名《だいみょう》であった(a)は今川《いまがわ》氏を破り，のちに(b)幕府《ばくふ》をほろぼした。

☐ **5** **4**のaが安土《あづち》城下の市《いち》における税を免除《めんじょ》し，座《ざ》を廃止《はいし》した政策を何というか。

☐ **6** 豊臣秀吉《とよとみひでよし》は，右の絵のように，全国の田畑の面積や収穫高《しゅうかくだか》を調べる(　　　)を行った。

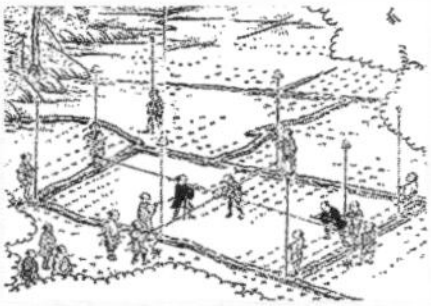

☐ **7** 豊臣秀吉が百姓から武器を取り上げた政策を何というか。

☐ **8** 16世紀後半に栄えた，大名や豪商《ごうしょう》を中心とした壮大《そうだい》で豪華《ごうか》な文化を何というか。

☐ **9** **8**が栄えたころ，わび茶の作法を完成させたのはだれか。

☐ **10** **8**が栄えたころ，「唐獅子図屏風《からじしずびょうぶ》」などをえがいたのはだれか。

解答

1 鉄砲《てっぽう》

2 (フランシスコ・)ザビエル
イエズス会の宣教師であった。

3 南蛮《なんばん》
鉄砲のほか生糸《きいと》や絹織物などを輸入し，日本はおもに銀を輸出した。

4 a 織田信長《おだのぶなが》
b 室町《むろまち》

5 楽市《らくいち》・楽座《らくざ》

6 太閤検地《たいこうけんち》
実際に耕作している百姓《ひゃくしょう》の名が検地帳に書き込《こ》まれた。

7 刀狩《かたながり》

8 桃山《ももやま》文化

9 千利休《せんのりきゅう》

10 狩野永徳《かのうえいとく》

ぷちトク！ 兵農分離が進んだワケ

① 太閤検地…百姓は年貢《ねんぐ》を納める義務を負う→荘園《しょうえん》のしくみはなくなる。

② 刀狩…一揆《いっき》を防ぐため。→①，②より武士と百姓の身分が明確に(兵農分離)。

29 江戸幕府の成立と支配体制

重要度

江戸幕府の成立

★ □ **1** 1600年の関ヶ原《せきがはら》の戦いで石田三成《いしだみつなり》を破ったのはだれか。

□ **2** **1**は1603年に朝廷《ちょうてい》から(　　　)に任命され，江戸《えど》に幕府《ばくふ》を開いた。

□ **3** **1**が二度にわたる大阪の陣《じん》でほろぼしたのは(　　　)氏である。

幕藩体制

★ □ **4** 江戸幕府は，古くから徳川家の家臣《かしん》であった者を(a)大名《だいみょう》，関ヶ原の戦いのころから従うようになった者を(b)大名として区別した。

□ **5** 江戸幕府の政治の中心として将軍から任命された役職を何というか。

★ □ **6** 幕府が大名を統制するために出した，右の法令を何というか。

> 一　学問と武芸にひたすら精を出すようにすること。
> 一　諸国の城は，修理する場合であっても，必ず幕府に申し出ること。新しい城をつくることは厳しく禁止する。　（部分要約）

★ □ **7** 参勤交代《さんきんこうたい》を制度化した江戸幕府第3代将軍はだれか。

□ **8** 百姓《ひゃくしょう》には，土地を持つ(a)と，土地を持たない(b)などがいた。

□ **9** 百姓に年貢《ねんぐ》の納入や犯罪の連帯責任を負わせるためにつくられた制度を何というか。

解答

1 徳川家康《とくがわいえやす》

2 征夷大将軍《せいいたいしょうぐん》
武家の棟梁《とうりょう》をあらわす。

3 豊臣《とよとみ》

4 a 譜代《ふだい》
b 外様《とざま》
徳川家の一族は親藩《しんぱん》という。

5 老中《ろうじゅう》

6 武家諸法度《ぶけしょはっと》

7 徳川家光《いえみつ》
参勤交代により，大名は江戸と領地を1年おきに往復することとなった。

8 a 本百姓《ほんびゃくしょう》
b 水のみ［水呑《みずのみ》］百姓

9 五人組

ぷちトク！ 全国の大名の配置

① 譜代大名…江戸に近い場所や交通の要地，大都市周辺に置かれた。
② 外様大名…江戸から遠く離《はな》れた場所に置かれた。

歴史

30 「鎖国」体制の始まり

重要度

朱印船貿易と「鎖国」体制

- □ 1 徳川家康《とくがわいえやす》が貿易を望む豪商《ごうしょう》などに発行した，東南アジアへの渡航《とこう》の許可証を何というか。
- □ 2 東南アジアの各地につくられた，日本人の居住地を何というか。
- ★ □ 3 1637年，キリスト教徒への迫害《はくがい》や厳しい年貢《ねんぐ》に不満をもった人々が起こした一揆《いっき》を何というか。
- □ 4 江戸幕府《えどばくふ》は，右の(　　　)を踏《ふ》ませてキリスト教徒を発見しようとした。
- □ 5 1639年に幕府が来航を禁止した国はどこか。

「鎖国」体制下の窓口

- ★ □ 6 「鎖国《さこく》」体制下で日本と貿易を行ったヨーロッパの国はどこか。
- ★ □ 7 **6**の商館は長崎のどこに置かれたか。
- □ 8 **6**のほかに長崎で日本と貿易を行った国はどこか。
- □ 9 朝鮮《ちょうせん》が，将軍の代がわりごとに日本へ送った使節を何というか。
- □ 10 琉球王国《りゅうきゅうおうこく》とは(　a　)藩《はん》，アイヌ民族とは(　b　)藩を窓口として交易を行った。

解答

1. 朱印状《しゅいんじょう》
2. 日本町《にほんまち》
3. 島原《しまばら》・天草《あまくさ》一揆
4. 踏絵《ふみえ》
5. ポルトガル
6. オランダ
   この国は日本でキリスト教の布教を行わなかった。
7. 出島《でじま》
8. 中国［清《しん》］
9. 朝鮮通信使《つうしんし》
10. a 薩摩《さつま》
    b 松前《まつまえ》

ぷちトク！ 琉球王国とアイヌ民族

① 琉球王国からも，将軍の代がわりごとなどに使節が江戸へ送られた。

② アイヌ民族はシャクシャインにひきいられ，松前藩に対して戦いを起こした。

歴史

31 江戸時代の産業と元禄文化

重要度

江戸時代の産業

□ 1 脱穀《だっこく》を効率的に行える，右の絵の農具を何というか。

□ 2 農村で現金収入のためにつくられた農作物を何というか。

★ □ 3 「天下《てんか》の台所《だいどころ》」とよばれた都市はどこか。

★ □ 4 **3**に，各藩《はん》が米や特産物を売買するために置いた施設《しせつ》を何というか。

□ 5 江戸《えど》時代に，商人が，同業者ごとに集まってつくった組合を何というか。

□ 6 17世紀には，（ a ）金山（新潟県）や（ b ）銀山（島根県）などの開発が進められた。

政治の安定と元禄文化

□ 7 生類憐《しょうるいあわれ》みの政策を行った江戸幕府《ばくふ》第5代将軍はだれか。

★ □ 8 17世紀末から18世紀前半にかけて，上方《かみがた》で発達した文化を何というか。

□ 9 （ a ）は浮世草子《うきよぞうし》，（ b ）は人形浄瑠璃《にんぎょうじょうるり》の脚本《きゃくほん》で人気を集めた。

□ 10 「奥《おく》の細道《ほそみち》」を書いたのはだれか。

□ 11 坂田藤十郎《さかたとうじゅうろう》や市川団十郎《いちかわだんじゅうろう》などの役者が演じた，庶民《しょみん》のための演劇を何というか。

□ 12 菱川師宣《ひしかわもろのぶ》が大成した風俗画《ふうぞくが》を何というか。

解答

1 千歯《せんば》こき

2 商品作物
木綿《もめん》や菜種《なたね》など。

3 大阪

4 蔵屋敷《くらやしき》

5 株仲間《かぶなかま》

6 a 佐渡《さど》
b 石見《いわみ》

7 徳川綱吉《とくがわつなよし》

8 元禄《げんろく》文化
上方とは京都・大阪など。

9 a 井原西鶴《いはらさいかく》
b 近松門左衛門《ちかまつもんざえもん》

10 松尾芭蕉《まつおばしょう》

11 歌舞伎《かぶき》

12 浮世絵《うきよえ》

ぷちトク！ 江戸時代のおもな交通路

陸路 東海道《とうかいどう》，中山道《なかせんどう》，甲州道中《こうしゅうどうちゅう》，日光道中《にっこう》，奥州道中《おうしゅう》の五街道《ごかいどう》。

海路 西廻《にしまわ》り航路（日本海沿岸→大阪），東廻《ひがしまわ》り航路（日本海沿岸→江戸）。

歴史

32 江戸幕府の改革と社会の変化

重要度

享保の改革と社会の変化

解答

★ □ 1 享保《きょうほう》の改革を行った江戸幕府《えどばくふ》第8代将軍はだれか。

1 徳川吉宗《とくがわよしむね》

★ □ 2 1が裁判の基準として定めた法律を何というか。

2 公事方御定書《くじかたおさだめがき》

□ 3 1が民衆の意見を聞くために設置したものを何というか。

3 目安箱《めやすばこ》

□ 4 19世紀には，右の絵のような工場を建設し，人を雇《やと》って作業を分けて製品をつくらせる(　　　)が行われた。

4 工場制手工業
[マニュファクチュア]
農民に機械やお金を貸し，つくった製品を買い取るのは，問屋《といや》制家内工業。

□ 5 都市部では，米を買いしめた商人に対し，不満をもった町人たちが(　　　)を起こした。

5 打ちこわし
年貢《ねんぐ》の軽減などを求めて農民が起こしたのは百姓一揆《ひゃくしょういっき》。

田沼の政治と寛政の改革

★ □ 6 株仲間《かぶなかま》の結成をすすめるなど，商工業を発展させることで幕府の財政を立て直そうとした江戸幕府の老中《ろうじゅう》はだれか。

6 田沼意次《たぬまおきつぐ》
営業の独占《どくせん》を認めるかわりに営業税を納めさせた。

★ □ 7 6の後，老中となった松平定信《まつだいらさだのぶ》が行った改革を何というか。

7 寛政《かんせい》の改革

□ 8 松平定信が凶作《きょうさく》にそなえて，各地でたくわえさせたものは何か。

8 米

□ 9 松平定信が昌平坂《しょうへいざか》学問所で武士に学ばせた学問は何か。

9 朱子学《しゅしがく》
身分の上下や秩序《ちつじょ》を説いた。

ぷちトク！ ここに気をつけよう！幕府の政治改革

① 公事方御定書と鎌倉《かまくら》時代の武家法である御成敗式目《ごせいばいしきもく》(貞永《じょうえい》式目)をしっかり区別。
② 田沼の政治→天明《てんめい》のききんなどで田沼が老中から失脚《しっきゃく》→松平の寛政の改革開始。

歴史

33 化政文化とゆらぐ江戸幕府

重要度

化政文化

★ □ **1** 本居宣長《もとおりのりなが》が大成した，日本古来の精神を探求する学問を何というか。

★ □ **2** **1**と同じころ，オランダ語で西洋の学問や技術を学ぶ(　　　)がさかんになった。

★ □ **3** 19世紀前半に江戸《えど》を中心に発達した，庶民《しょみん》らが担《にな》い手《て》となった文化を何というか。

□ **4** **3**の時期に活躍《かつやく》した，右の絵の作者はだれか。

□ **5** 町人や百姓《ひゃくしょう》の子どもが，読み・書き・そろばんなどを習った学校を何というか。

幕藩体制のゆらぎ

□ **6** 外国船の来航を警戒《けいかい》した幕府《ばくふ》が1825年に出した，外国船を追い払《はら》うように命じた法令を何というか。

□ **7** 1830年代に起こった(a)のききんで苦しむ人々を助けようとして，幕府の元役人であった(b)は，1837年に乱を起こした。

★ □ **8** 天保の改革を行った老中《ろうじゅう》はだれか。

□ **9** **8**は，物価《ぶっか》の上昇《じょうしょう》をおさえようとして(　　　)の解散を命じた。

解答

1 国学《こくがく》

2 蘭学《らんがく》
杉田玄白《すぎたげんぱく》らは『解体新書《かいたいしんしょ》』を出版した。

3 化政《かせい》文化

4 葛飾北斎《かつしかほくさい》
左の絵は「富嶽三十六景《ふがくさんじゅうろっけい》」の1枚。

5 寺子屋《てらこや》

6 異国船打払令《うちはらいれい》

7 a 天保《てんぽう》
b 大塩平八郎《おおしおへいはちろう》

8 水野忠邦《みずのただくに》

9 株仲間《かぶなかま》

ぷちトク！ 元禄文化と化政文化のちがい

① 元禄《げんろく》文化は京都・大阪の上方《かみがた》の町人中心，化政文化は江戸の庶民中心に発達した。

② 元禄文化…井原西鶴《いはらさいかく》，近松門左衛門《ちかまつもんざえもん》，化政文化…葛飾北斎，歌川《うたがわ》(安藤《あんどう》)広重《ひろしげ》らが活躍。

歴史

34 欧米諸国の近代化①

重要度

新しい思想（啓蒙思想）とイギリスの革命

解答

□ **1** 社会契約《けいやく》説や抵抗《ていこう》権を唱えたイギリスの啓蒙《けいもう》思想家はだれか。

1 ロック

□ **2** 三権分立を説いたフランスの啓蒙思想家はだれか。

2 モンテスキュー

□ **3** 社会契約説と人民主権を主張したフランスの啓蒙思想家はだれか。

3 ルソー

□ **4** 17世紀半ば，イギリスで国王と議会が対立し，議会側が国王を処刑《しょけい》した革命を何というか。

4 ピューリタン革命
クロムウェルが指導した。

★ □ **5** **4**の後，国王が再び専制政治を行ったために起こった革命を何というか。

5 名誉《めいよ》革命

★ □ **6** **5**の革命の後に出された，右の法律を何というか。

> 第１条　議会の同意なしに，国王の権限で法律とその効力を停止することは違法《いほう》である。
> （部分要約）

6 権利（の）章典
国王といえども法には従うべきことなどを定めた。

アメリカ，フランスの動き

□ **7** 1775年，アメリカは本国の（　a　）に対し独立戦争を始め，1776年に（　b　）を発表した。

7 a イギリス
b 独立宣言

□ **8** 17世紀後半のフランスなど，国王が強い権力をにぎって行った政治を何というか。

8 絶対王政
フランスのルイ14世など。

★ □ **9** 1789年のフランス革命で出された宣言を何というか。

9 人権宣言

□ **10** フランス革命後に各国がフランスに干渉《かんしょう》するなか，国民の人気を得て皇帝《こうてい》になったのはだれか。

10 ナポレオン
1804年に即位《そくい》した。

ぷちトク！ 立憲君主制と議会政治のちがい

① 立憲君主制…憲法に基づいて君主（国王や皇帝）が政治を行う。
② 議会政治…国民が自分たちの代表の議員を選び，その議員からなる議会で政治を行う。

歴史

35 欧米諸国の近代化②

重要度

ヨーロッパの動きと南北戦争

□ 1 19世紀，ヨーロッパ各国では近代化が進み，人々に地域や身分のちがいをこえた(　　　)としての意識がうまれ始めた。

□ 2 ドイツ帝国《ていこく》の成立をなしとげ，「鉄血宰相《てっけつさいしょう》」とよばれた人物はだれか。

□ 3 ロシアが不凍港《ふとうこう》などを求めて領土を積極的に広げようとした政策を何というか。

□ 4 19世紀，アメリカでは，工業が発展して(a)貿易を主張した北部と，農業が中心で(b)貿易を求めた南部が対立していた。

★ □ 5 4の対立によって，1861年にアメリカで起きた内戦を何というか。

★ □ 6 5で北部を指揮し，勝利に導いたアメリカ大統領はだれか。

産業革命

★ □ 7 18世紀後半にイギリスから始まった，工業の発達にともなう社会のしくみの大きな変化を何というか。

□ 8 資本家が利益の拡大を目的として，労働者を工場で雇《やと》って生産活動を行う経済のしくみを何というか。

□ 9 8を批判したマルクスが主張した，土地や工場などを公共のものにすることによって，平等な社会をつくろうとする考え方を何というか。

解答

1 国民

2 ビスマルク
プロイセンの首相であった。

3 南下政策

4 a 保護
b 自由

5 南北戦争
内戦後は，工業が発展した。

6 リンカン［リンカーン］
「人民の，人民による，人民のための政治」の演説が有名。

7 産業革命《さんぎょうかくめい》

8 資本主義

9 社会主義

ぷちトク！ 産業革命の広がり

① イギリスの産業革命→ワットによる蒸気機関《じょうききかん》の改良から始まった。

② 欧米《おうべい》諸国にも産業革命は広がり，19世紀末には電気も普及《ふきゅう》した。

歴史

36 欧米諸国の進出と日本の開国

重要度

欧米諸国のアジア進出

解答

☐ 1 19世紀前半，イギリスが中国(清《しん》)やインドと行っていた貿易を何というか。

1 三角貿易

★ ☐ 2 1840年にイギリスと清との間で起こった戦争を何というか。

2 アヘン戦争

☐ 3 2の戦争で勝利したイギリスが清と結んだ条約を何というか。

3 南京《ナンキン》条約
イギリスは香港《ホンコン》を手に入れた。

☐ 4 2の戦争の後，清の国内で起こった，洪秀全《こうしゅうぜん》《ホンシウチュワン》を中心とする反乱を何というか。

4 太平天国《たいへいてんごく》の乱

☐ 5 1857年に，インドでイギリスに対して起こった反乱を何というか。

5 インド大反乱

日本の開国

★ ☐ 6 1853年，4隻《せき》の軍艦《ぐんかん》をひきいて浦賀《うらが》(神奈川県)に現れ，日本に開国を求めたアメリカの軍人はだれか。

6 ペリー

☐ 7 6の翌年《よくとし》に，日本がアメリカと結んだ条約を何というか。

7 日米和親《にちべいわしん》条約

★ ☐ 8 1858年，大老《たいろう》の(a)は，アメリカと(b)を結び，右の図の5港を開港した。

8 a 井伊直弼《いいなおすけ》
b 日米修好通商《しゅうこうつうしょう》条約
のちにオランダ・ロシア・イギリス・フランスとも同様の条約を結んだ。

★ ☐ 9 8のbの条約は，アメリカに(a)を認め，日本に(b)がない不平等条約であった。

9 a 領事裁判権《りょうじさいばんけん》
[治外法権《ちがいほうけん》]
b 関税自主権

ぷちトク! 2つの条約で開港した港

① 日米和親条約→下田《しもだ》(静岡県)と函館(北海道)の2港を開いた。

② 日米修好通商条約→函館・神奈川(横浜)・長崎・兵庫(神戸)・新潟の5港を開いた。

37 開国の影響

重要度

開国後の政治

解答

□ 1 幕府《ばくふ》が(　　　)の許可を得ずに通商条約を結んだため，幕府への不満が高まった。

1 朝廷《ちょうてい》

★□ 2 幕末でさかんになった，天皇《てんのう》を尊《とうと》び，外国勢力を打ち払《はら》って「鎖国《さこく》」の体制を維持《いじ》しようとした運動を何というか。

2 尊王攘夷運動《そんのうじょうい》

★□ 3 大老《たいろう》の井伊直弼《いいなおすけ》が，幕府を批判する大名《だいみょう》や公家《く げ》，その家臣《かしん》たちなどを厳しく処罰《しょばつ》したできごとを何というか。

3 安政《あんせい》の大獄《たいごく》

□ 4 長州藩《ちょうしゅうはん》出身で，松下村塾《しょうかそんじゅく》で高杉晋作《たかすぎしんさく》らを育てたが，❸で処刑《しょけい》された人物はだれか。

4 吉田松陰《よしだしょういん》

★□ 5 1860年，元水戸藩士《みとはんし》らによって井伊直弼が暗殺された事件を何というか。

5 桜田門外《さくらだもんがい》の変《へん》
この事件で幕府の権威《けんい》が落ちた。

開国後の貿易

□ 6 開国後，日本の貿易相手国は(　　　)が中心で，最大の貿易港となったのは横浜《よこはま》であった。

6 イギリス
南北戦争の混乱でアメリカとの貿易はおくれた。

★□ 7 開国後，日本は右の図のように毛織物や綿織物などを輸入し，おもに(　　　)を輸出した。

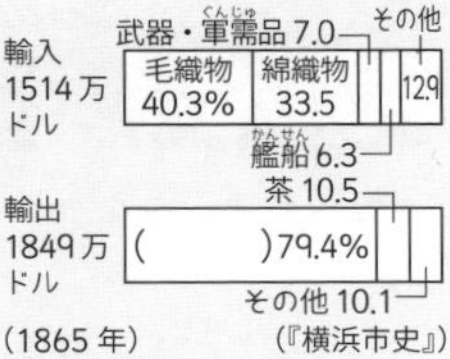

(1865年)　(『横浜市史』)

7 生糸《きいと》
東日本を中心に生産がさかんになった。

□ 8 開国後，金の流出を防ぐために幕府が小判《こばん》の質を落としたため，国内の物価《ぶっか》は(　　　)した。

8 上昇《じょうしょう》

ぷちトク! 開国後の貿易の影響《えいきょう》

① 外国との金銀の交換《こうかん》比率のちがい→② 金貨(小判)が大量に国外に流出→③ 金の流出を防ぐために幕府が小判の質を落とす→④ 物価が急上昇→⑤ 人々の生活が苦しくなる。

歴史

38 倒幕運動

重要度

薩摩藩と長州藩

解答

□ 1 攘夷《じょうい》を実行しようとして関門海峡《かんもんかいきょう》を通る外国船を砲撃《ほうげき》したのはどこの藩《はん》か。

1 長州藩《ちょうしゅうはん》

□ 2 1に対する報復として，（ a ）・（ b ）・アメリカ・オランダの四国艦隊《かんたい》が下関砲台《しものせきほうだい》を攻撃《こうげき》し，占領《せんりょう》した。

2 a イギリス
b フランス
a，bは順不同。

□ 3 生麦《なまむぎ》事件の翌年《よくとし》にイギリス海軍と戦ったのはどこの藩か。

3 薩摩《さつま》藩

★ □ 4 1866年，薩摩藩と長州藩が結んだ同盟《どうめい》を何というか。

4 薩長《さっちょう》同盟

□ 5 4の同盟の仲立ちをした，土佐《とさ》藩出身の人物はだれか。

5 坂本龍馬《さかもとりょうま》

江戸幕府の終わり

★ □ 6 1867年に，徳《とく》川慶喜《がわよしのぶ》が政権を朝廷《ちょうてい》に返した，右の絵のできごとを何というか。

6 大政奉還《たいせいほうかん》
このできごとで，約260年続いた江戸幕府《えどばくふ》はほろんだ。

★ □ 7 6の後，岩倉具視《いわくらともみ》や西郷隆盛《さいごうたかもり》らが中心となり，朝廷が出した宣言は何か。

7 王政復古《おうせいふっこ》の大号令《だいごうれい》
天皇中心の新しい政府をつくることを宣言した。

□ 8 鳥羽《とば》・伏見《ふしみ》の戦い(京都)から始まり，函館《はこだて》(北海道)で終わった，新政府軍と旧幕府軍の間で起きた戦争を何というか。

8 戊辰《ぼしん》戦争

ぷちトク！ 薩長同盟が結ばれるまで

① 薩摩藩・長州藩ともに，欧米《おうべい》諸国と戦い，軍事力の差を痛感する→② 2つの藩は，攘夷は厳しいと判断→③ 薩長同盟を結び，倒幕《とうばく》の姿勢を強める。

歴史

39 明治維新①

重要度

新政府の成立

□ 1 明治《めいじ》政府が，日本を近代化するために行ったさまざまな改革をまとめて何というか。

★□ 2 1868年に天皇《てんのう》が神に誓《ちか》う形で出された，右の新政府の5つの方針を何というか。

> 一　広ク会議ヲ興《おこ》シ万機《ばんき》公論ニ決スベシ
> 一　上下《しょうか》心ヲ一《いつ》ニシテ盛《さかん》ニ経綸《けいりん》ヲ行ウベシ
> （一部）

□ 3 1868年，明治政府は江戸《えど》を（　　　）と改称《かいしょう》し，翌年《よくとし》にここを首都とした。

□ 4 明治政府が1869年に行った，藩主《はんしゅ》に土地と人民を天皇に返させた政策を何というか。

★□ 5 明治政府が1871年に行った，藩を廃止《はいし》して県を置き，中央からそれぞれの県に県令(後の県知事)や府知事を派遣《はけん》した政策を何というか。

三大改革

□ 6 1872年に公布された，満6歳《さい》になった子どもを小学校に通わせることを義務づけた制度を何というか。

□ 7 1873年に公布された，満20歳になった男子に兵役《へいえき》の義務を定めた法令を何というか。

★□ 8 1873年から実施《じっし》された，土地の所有者に地券《ちけん》を発行し，地価《ちか》の3%を税として現金で納めさせた改革を何というか。

解答

1 明治維新《いしん》

2 五箇条《ごかじょう》の御誓文《ごせいもん》
会議を開いて人々の話し合いによって政治を決めること，知識を世界に求めることなどが示された。

3 東京

4 版籍奉還《はんせきほうかん》

5 廃藩置県《はいはんちけん》
政府が地方を直接治める，中央集権国家をめざした。

6 学制

7 徴兵令《ちょうへいれい》

8 地租改正《ちそかいせい》

ぷちトク！ 地租改正の影響《えいきょう》

① 毎年一定の金額が納められるようになり，政府の収入は安定した。

② 民衆の負担は変わらず，各地で地租改正反対の一揆《いっき》が発生→地租は地価の2.5%に。

歴史

40 明治維新②

重要度

富国強兵

□ **1** 明治《めいじ》政府が日本の近代化をすすめるため，経済を発展させて軍事力を強くすることをめざした政策を何というか。

★ □ **2** 明治政府が実施《じっし》した，さまざまな産業を興《おこ》して日本の資本主義化を図《はか》る政策を何というか。

□ **3** **2**の政策として，群馬県につくられた官営模範《かんえいもはん》工場を何というか。

□ **4** 1872年に，新橋《しんばし》・横浜《よこはま》間に(　　　　)が開通した。

□ **5** 江戸《えど》時代の飛脚《ひきゃく》に代わって，電信や(　　　　)制度が整えられた。

欧米文化の流入

★ □ **6** 明治時代，欧米《おうべい》の文化が広がり，都市を中心に生活様式に生じた大きな変化を何というか。

□ **7** **6**によって，洋服を着て(　　　　)肉を食べる習慣が広まった。

□ **8** 明治時代，それまでの太陰暦《たいいんれき》に代わって(a)が採用され，1日は24時間，1週間は(b)日と定められた。

★ □ **9** 「学問のすゝ《(す)》め」を書き，人間の平等など西洋の思想をわかりやすく説いたのはだれか。

★ □ **10** ヨーロッパのルソーの思想を日本に紹介《しょうかい》したのはだれか。

解答

1 富国強兵《ふこくきょうへい》
この政策の具体策の1つが徴兵令《ちょうへいれい》。

2 殖産興業《しょくさんこうぎょう》

3 富岡《とみおか》製糸場

4 鉄道

5 郵便

6 文明開化《ぶんめいかいか》

7 牛

8 a 太陽暦《たいようれき》
b 7

9 福沢諭吉《ふくざわゆきち》
社会に大きな影響《えいきょう》をあたえた。

10 中江兆民《なかえちょうみん》

ぷちトク！ ここがポイント！富岡製糸場

① 働いていた女性たちが，全国の工場に外国の優《すぐ》れた技術を広めた。

② 2014年に，「富岡製糸場と絹産業遺産群」として，世界文化遺産に登録された。

歴史

41 明治政府の外交

重要度

不平等条約改正と朝鮮との関係

★ □ **1** 1871年，不平等条約の改正を目的に欧米《おうべい》に派遣《はけん》された使節の全権大使はだれか。

□ **2** 1871年に明治《めいじ》政府が清《しん》と結んだ対等な内容の条約を何というか。

★ □ **3** **1**や**2**のころ政府内で高まった，朝鮮《ちょうせん》に対して武力で開国を求める考えを何というか。

□ **4** 1876年，前年の江華島《こうかとう》《カンファド》事件をきっかけに朝鮮と結んだ条約は何か。

□ **5** **4**の条約は，日本だけが(　　　　)をもつ不平等条約であった。

国境の画定

★ □ **6** 1875年に結んだ，ロシアと国境を画定させた条約を何というか。

□ **7** 1895年に東シナ海の(a)，1905年に日本海の(b)が日本領となった。

□ **8** 北海道の開拓《かいたく》と警備にあたった，農業兼業《けんぎょう》の兵士を何というか。

□ **9** 1879年，明治政府は軍事力によって，琉球藩《りゅうきゅうはん》を廃止《はいし》して(　　　　)県を置いた。

解答

1 岩倉具視《いわくらともみ》
不平等条約改正は失敗した。

2 日清修好条規《にっしんしゅうこうじょうき》

3 征韓論《せいかんろん》

4 日朝《にっちょう》修好条規

5 領事裁判権《りょうじさいばんけん》[治外法権《ちがいほうけん》]
この権利を相手国に認めると，外国人を自国内の法律で裁くことができない。

6 樺太《からふと》・千島交換《ちしまこうかん》条約

7 a 尖閣《せんかく》諸島
b 竹島《たけしま》

8 屯田兵《とんでんへい》

9 沖縄

ぷちトク! 岩倉使節団の視察内容と覚えておきたい人物

① 条約改正交渉《こうしょう》が失敗に終わったあと，大久保利通《おおくぼとしみち》らは政治や産業などの視察を行った。

② 使節団に同行した女子留学生の津田梅子《つだうめこ》は，帰国後，女子教育に力をつくした。

歴史

42 自由民権運動

重要度

自由民権運動

	解答
□ 1 征韓論《せいかんろん》をめぐり，西郷隆盛《さいごうたかもり》とともに新政府を去った土佐藩《とさはん》出身の人物で，のちに立志社《りっししゃ》を結成したのはだれか。	1 板垣退助《いたがきたいすけ》 立志社は高知県で結成された。
★ □ 2 1が新政府を批判し，議会を開くことを求めて提出した文書を何というか。	2 民撰議院設立《みんせんぎいんせつりつ》(の)建白《けんぱく》書《しょ》
★ □ 3 1が中心となった，議会を開き国民が政治に参加するなど，国民中心の政治をめざす運動を何というか。	3 自由民権運動
★ □ 4 1877年，西郷隆盛を中心として，政府に不満をもつ，鹿児島の士族が起こした，不平士族の最大の反乱を何というか。	4 西南《せいなん》戦争 徴兵《ちょうへい》で集められた政府軍にやぶれた。

国会開設への動き

	解答
□ 5 1880年，自由民権運動を進める全国の代表が集まって，大阪で結成された，国会の開設を求める組織を何というか。	5 国会期成同盟
★ □ 6 1881年に政府が出した，10年後に国会を開設する約束を何というか。	6 国会開設の勅諭《ちょくゆ》
□ 7 6を受けて，板垣退助を党首《とうしゅ》として結成された政党を何というか。	7 自由党
□ 8 6を受けて，大隈重信《おおくましげのぶ》を党首として結成された政党を何というか。	8 立憲改進党《りっけんかいしんとう》
□ 9 一部の民権派が農民とともに政府を批判して，1884年に埼玉県で起こした騒動《そうどう》は何か。	9 秩父《ちちぶ》事件

ぷちトク！ まちがえやすい時期

① 民撰議院設立(の)建白書の提出→その後，自由民権運動が始まる。

② 国会開設の勅諭が出される→その後，自由党や立憲改進党が結成される。

歴史

43 立憲制の国家の成立

重要度

憲法の発布

★ □ **1** 憲法制定にあたり，ヨーロッパに渡《わた》って，ドイツやオーストリアで憲法を研究してきた人物はだれか。

★ □ **2** 1885年，太政官《だじょうかん》制を廃止《はいし》してつくられた制度を何というか。

★ □ **3** 1889年2月11日に天皇《てんのう》が国民にあたえるという形で発布《はっぷ》された，右の憲法を何というか。

> 第1条　大日本帝国《ていこく》ハ万世《ばんせい》一系ノ天皇之《これ》ヲ統治ス
> 第3条　天皇ハ神聖ニシテ侵《おか》スベカラズ
> （一部）

□ **4** ❸で主権者と定められたのはだれか。

□ **5** ❸で国民は，(　　　)の範囲《はんい》内で言論の自由などの権利が認められた。

□ **6** 帝国議会で，皇族《こうぞく》や華族《かぞく》などで構成された議院を何というか。

□ **7** ❸の発布の翌年《よくとし》に出された，忠君愛国《ちゅうくんあいこく》などが示されたものを何というか。

帝国議会

□ **8** 帝国議会が開設され，1890年に最初の(　　　)議員選挙が行われた。

★ □ **9** ❽の選挙では，選挙権は，直接国税を(a)円以上納める満(b)歳《さい》以上の男子にあたえられ，有権者は総人口の1.1%であった。

解答

1 伊藤博文《いとうひろぶみ》
君主権の強い国の憲法を研究した。

2 内閣制度
内閣総理大臣(首相《しゅしょう》)には❶の人物が就任した。

3 大日本帝国憲法

4 天皇

5 法律

6 貴族院《きぞくいん》

7 教育勅語《ちょくご》
国民の道徳に影響《えいきょう》をあたえた。

8 衆議院《しゅうぎいん》

9 a 15
b 25

ぷちトク！ 天皇の権限と帝国議会

① 天皇の権限…陸海軍を指揮する権限，条約の締結《ていけつ》，戦争の開始や終結，帝国議会の召集《しょうしゅう》など。

② 帝国議会による政治の開始→アジアで初めての近代的な立憲制国家となる。

歴史

44 帝国主義と条約改正の動き

重要度

帝国主義

解答

□ 1 19世紀後半，資本主義が発達し，強い力をもつようになった欧米《おうべい》諸国を何とよぶか。

1 列強

□ 2 **1**の国々は，生産に必要な（ a ）を得たり，製品を売る（ b ）を求めたりしてアフリカやアジアへ進出するようになった。

2 a 資源
b 市場《しじょう》
軍事力を背景に進出した。

★ □ 3 **2**の動きを何というか。

3 帝国《ていこく》主義

条約改正

□ 4 右の絵は井上馨《いのうえかおる》が舞踏会《ぶとうかい》を開いた様子を示している。この舞踏会が開かれた場所を何というか。

4 鹿鳴館《ろくめいかん》

□ 5 **4**で行われたことなど，日本の近代化をアピールした政策を何というか。

5 欧化《おうか》政策

□ 6 国内で，幕末に結ばれた条約改正の世論《せろん》《よ》が高まるきっかけとなった，1886年に和歌山県沖でイギリス船が沈没《ちんぼつ》し，日本人の乗客のみが死亡した事件を何というか。

6 ノルマントン号事件
イギリス人船長は軽い罰《ばつ》を受けただけであった。

★ □ 7 1894年，外相《がいしょう》の（ a ）が日英《にちえい》通商航海条約を結んで，（ b ）の撤廃《てっぱい》に成功し，ほかの国との条約改正も実現した。

7 a 陸奥宗光《むつむねみつ》
b 領事裁判権
［治外法権］

★ □ 8 1911年，外相の（ a ）が，（ b ）の完全な回復に成功した。

8 a 小村寿太郎《こむらじゅたろう》
b 関税自主権

ぷちトク！ 条約改正が成功したポイント

大日本帝国憲法が制定されたこと（1889年），帝国議会が開設されたこと（1890年）。
→欧米諸国に近代国家のしくみが整ったと認められたため，条約改正が実現できた。

歴史

45 日清戦争

重要度

日清戦争

□ 1 1894年，朝鮮《ちょうせん》半島で東学《とうがく》を信仰《しんこう》する農民たちが起こした反乱を何というか。

★ □ 2 1をしずめるため，清《しん》と日本が朝鮮に出兵して起きた戦争を何というか。

★ □ 3 2の講和条約を何というか。

□ 4 3で，清は朝鮮の独立を認め，日本は（ a ）半島・（ b ）・澎湖《ほうこ》《ポンフー》諸島と，多額の賠償金《ばいしょうきん》を得た。

★ □ 5 3の条約を結んだ後，ロシアなど3か国が日本に対し，4のa半島を清に返還《へんかん》するよう求めたことを何というか。

□ 6 5の3か国はロシアと，あと2か国はどこか。

□ 7 右の図は，3で得た賠償金の使い道を示している。Aにあてはまるのは，次のうちどれか。

〔農業　商業　軍備〕

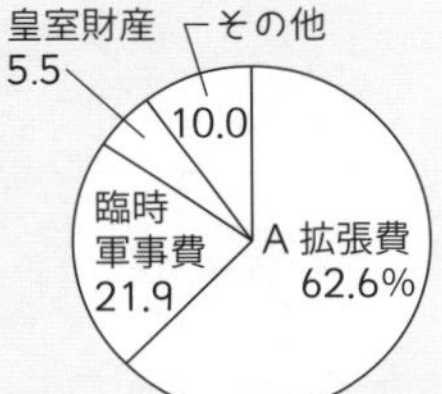

（『近代日本経済史要覧』）

日清戦争後の動き

□ 8 朝鮮は清からの独立を宣言し，何という国号に改めたか。

★ □ 9 国政で政党の重要性が高まるなか，伊藤博文《いとうひろぶみ》が1900年に結成した政党は何か。

解答

1 甲午《こうご》農民戦争
東学は民間宗教の1つ。

2 日清《にっしん》戦争

3 下関《しものせき》条約

4 a 遼東《りょうとう(リアオトン)》
b 台湾《たいわん》

5 三国干渉《かんしょう》

6 ドイツ，フランス

7 軍備

8 大韓帝国《だいかんていこく》［韓国《かんこく》］

9 立憲政友会《りっけんせいゆうかい》
これ以後の中心の政党。

ぷちトク！ 覚えておきたい三国干渉の内容

① 国：ロシア・ドイツ・フランス　ゴロ！→ロシアン《ロシア》・フード《フランスドイツ》（ロシア料理）

② 清に返還後，遼東半島の旅順《りょじゅん》《リュイシュン》・大連《だいれん》《ターリエン》はロシアが租借《そしゃく》→ロシアへの反発が強まる。

歴史

46 日露戦争

重要度

日露戦争

□ 1 「扶清滅洋《ふしんめつよう》」をとなえて蜂起《ほうき》した一団が，北京《ペキン》にある各国の公使館を包囲したできごとを何というか。

□ 2 1の後も，満州《まんしゅう》に大軍をとどめた国はどこか。

★ □ 3 ロシアの南下を警戒《けいかい》する日本とイギリスが，1902年に結んだ同盟は何か。

★ □ 4 1904年，日本とロシアのあいだで起こった戦争を何というか。

□ 5 日本初の社会主義政党を結成し，のちに4の開戦に反対した人物はだれか。

□ 6 4の開戦に反対する非戦論をとなえたキリスト教徒はだれか。

□ 7 戦地に向かった弟を案じて「君死にたまふ《(う)》こと なかれ」の詩を発表した歌人はだれか。

講和条約

★ □ 8 日露戦争によって戦力が限界となった日本は，(a)の仲介《ちゅうかい》によって講和条約の(b)を結んだ。

□ 9 8のbでは，日本は北緯《ほくい》50度以南の(a)を得たが，(b)は得られなかった。

□ 10 8のbの内容に不満をもった人々が東京で起こした暴動を何というか。

解答

1 義和団《ぎわだん》事件

2 ロシア

3 日英《にちえい》同盟
利害が一致《いっち》したため結ばれた。

4 日露《にちろ》戦争

5 幸徳秋水《こうとくしゅうすい》
社会民主党をつくった。

6 内村鑑三《うちむらかんぞう》

7 与謝野晶子《よさのあきこ》

8 a アメリカ
b ポーツマス条約

9 a 樺太《からふと》［サハリン］
b 賠償金《ばいしょうきん》

10 日比谷《ひびや》焼き打ち事件
人々は増税などに苦しんでいた。

ぷちトク！ ポーツマス条約の注意点

① 長春《ちょうしゅん》《チャンチュン》以南の鉄道利権を得る→南満州鉄道株式会社(満鉄)の設立。
② 北緯50度以南の樺太を得る←樺太・千島交換《ちしまこうかん》条約で樺太はロシア領であった。

47 韓国と中国の変化

重要度

韓国の植民地化

★ □ **1** 韓国統監府《かんこくとうかんふ》の初代の統監に就任《しゅうにん》した人物はだれか。

★ □ **2** 1910年，日本が韓国を植民地にしたことを何というか。

□ **3** **2**の後，この地域を統治するために置かれた機関を何というか。

□ **4** **2**により，大韓帝国《ていこく》(韓国)は「(a)」となり，学校では(b)語や(b)史を教える政策が行われた。

□ **5** **2**について，右の歌をよんだ人物はだれか。

> 地図の上
> 朝鮮国に黒々と
> 墨《すみ》をぬりつつ秋風を聴《き》く

□ **6** ポーツマス条約で得た鉄道の利権をもとにして，満州《まんしゅう》南部に勢力を広げた日本が，設立した鉄道会社を何というか。

アジア初の共和国成立

□ **7** 三民主義をとなえ，清《しん》の打倒《だとう》と近代国家の成立をめざした人物はだれか。

★ □ **8** 1911年に武昌《ぶしょう》(武漢《ぶかん》)で起きた反乱が各地に広がり，翌年《よくとし》に南京《ナンキン》で(　　　)が建国された。

□ **9** **8**のできごとを何というか。

□ **10** 清の実力者であった(　　　)は，**9**のあとに権力をにぎり，首都を北京《ペキン》に移して政治を行った。

解答

1 伊藤博文《いとうひろぶみ》

2 韓国併合《へいごう》
このとき漢城《かんじょう》(ソウル)が京《けい》城《じょう》に改称《かいしょう》された。

3 朝鮮総督府《そうとくふ》

4 a 朝鮮
b 日本
bに同化させる教育。

5 石川啄木《いしかわたくぼく》

6 南満州鉄道株式会社
[満鉄]

7 孫文《そんぶん》《スンウェン》
民族・民権・民生からなる三民主義をとなえた。

8 中華民国《ちゅうかみんこく》

9 辛亥《しんがい》革命

10 袁世凱《えんせいがい》《ユアンシーカイ》

ぷちトク！ アジア初の共和国成立の流れ

武昌で反乱。 → 多くの省が清から独立宣言。 → 孫文が臨時大《りんじだい》総統《そうとう》になる。 → 中華民国の成立。 → 袁世凱が大総統になる。

歴史

48 日本の産業革命

重要度

産業の発展

解答

- ★ □ 1 19世紀後半に始まった日本の産業革命は，軽工業と重工業のどちらが中心だったか。
  - 1 軽工業
- □ 2 綿《わた》から綿糸《めんし》をつくる産業を何というか。
  - 2 紡績《ぼうせき》業
- □ 3 日本の綿糸は，(　　　)戦争後に輸出量が輸入量を上回るようになった。
  - 3 日清《にっしん》
    1890年代後半に上回った。
- □ 4 19世紀後半に工場や鉱山の近くに建設された交通機関は何か。
  - 4 鉄道
- ★ □ 5 福岡県につくられ，1901年に操業《そうぎょう》を開始した製鉄所を何というか。
  - 5 八幡《やはた》製鉄所
    日清戦争の賠償金《ばいしょうきん》で建設。
- ★ □ 6 産業革命が進むなか，三井《みつい》・三菱《みつびし》などの大資本家は日本経済を支配する(　　　)となった。
  - 6 財閥《ざいばつ》

社会問題の発生

- □ 7 当時の日本経済を支えた製糸業や紡績業で多く働いていたのは，女性と男性のどちらか。
  - 7 女性
    賃金《ちんぎん》が低く，長時間労働。
- ★ □ 8 産業が発展するなかで，19世紀末ごろには(　　　)銅山の鉱毒《こうどく》事件が起こった。
  - 8 足尾《あしお》
    栃木県・群馬県などの渡良《わたら》瀬《せ》川流域。
- □ 9 8の鉱毒事件を解決しようと，銅山の操業停止などを求める運動を進めた人物はだれか。
  - 9 田中正造《たなかしょうぞう》
- □ 10 幸徳秋水《こうとくしゅうすい》など多くの社会主義者が逮捕《たいほ》，処刑《しょけい》された事件を何というか。
  - 10 大逆《たいぎゃく》事件
- □ 11 地主から土地を借りて耕作する人々を何というか。
  - 11 小作人《こさくにん》

ぷちトク！ 日本の産業革命と交通機関

① 軽工業 生糸《きいと》をつくるのは製糸業，綿から綿糸をつくるのは紡績業。

② 重工業 八幡製鉄所は原料(鉄鉱石，石炭)が得やすいところに建てられた。

③ 産業の発展とともに発達した鉄道を国有化。←軍事・経済的に必要だったため。

歴史

49 近代の文化と教育の普及

重要度

明治時代の文化

□ 1 「無我《むが》」などの作品で知られる，欧米《おうべい》の美術の手法を取り入れ，近代の日本画の発展に努めた画家はだれか。

★ □ 2 印象派の画風を日本に紹介《しょうかい》し，日本の西洋画の発展に力をつくした洋画家はだれか。

□ 3 右の彫刻《ちょうこく》作品をつくったのは，次のうちだれか。

〔 高村光雲《たかむらこううん》　岡倉天心《おかくらてんしん》
　荻原守衛《おぎわらもりえ》 〕

□ 4 「花」「荒城《こうじょう》の月」などの作品が知られる作曲家はだれか。

□ 5 「たけくらべ」などの小説を書いた，明治《めいじ》時代の女流作家はだれか。

★ □ 6 「吾輩《わがはい》は猫《ねこ》である」「坊《ぼ》っちゃん」などの小説を書いた明治時代の文学者はだれか。

□ 7 「舞姫《まいひめ》」などの小説を書いた明治時代の文学者はだれか。

近代教育の発展

□ 8 破傷風《はしょうふう》の血清療法《けっせいりょうほう》を発見した人物はだれか。

★ □ 9 細菌《さいきん》学者で，現在のガーナで黄熱《おうねつ》病の研究を行った人物はだれか。

解答

1 横山大観《よこやまたいかん》

2 黒田清輝《くろだせいき》

3 高村光雲

4 滝廉太郎《たきれんたろう》

5 樋口一葉《ひぐちいちよう》

6 夏目漱石《なつめそうせき》

7 森鷗外《もりおうがい》
軍医でもあった。

8 北里柴三郎《きたさとしばさぶろう》
ペスト菌《きん》も発見した。

9 野口英世《のぐちひでよ》

ぷちトク！ 明治時代の文化の特徴《とくちょう》

① 欧米の文化の影響《えいきょう》を受けながら，日本の文化を再評価して新しく発展させた。

② 文語体から口語体(言文一致《げんぶんいっち》体)への転換《てんかん》。 ③ 与謝野晶子《よさのあきこ》などの女性文学者の活躍《かつやく》。

④ 文学では，社会の現実を直視する自然主義が主流となる。

ぷちまとめ

整理したい歴史上の重要なできごと

織田信長と豊臣秀吉

織田信長《おだのぶなが》		豊臣秀吉《とよとみひでよし》
(安土《あづち》)城	本拠地《ほんきょち》	(大阪《おおさか》)城
(楽市《らくいち》・楽座《らくざ》)，関所の廃止《はいし》→商工業の発展を図《はか》る，鉄砲《てっぽう》の活用	政策	太閤《たいこう》検地・(刀狩《かたながり》)→(兵農分離《ぶんり》) 二度の(朝鮮《ちょうせん》)への出兵
(キリスト教)を優遇《ゆうぐう》し， (仏教勢力)に厳しい態度	キリスト教と仏教	(キリスト教)は禁じるも，貿易は奨励《しょうれい》→禁教は徹底《てってい》されず

江戸時代の交通

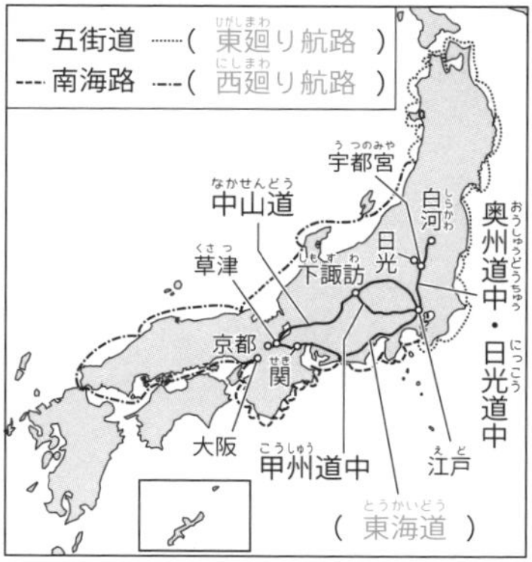

江戸の三大改革

名称《めいしょう》	行った人物	内容
(享保《きょうほう》)の改革	(徳川吉宗《とくがわよしむね》)	(公事方御定書《くじかたおさだめがき》)を定める，上《あ》げ米《まい》の制，目安《めやす》箱《ばこ》の設置
(寛政《かんせい》)の改革	(松平定信《まつだいらさだのぶ》)	ききんにそなえ米をたくわえさせる，(朱子《しゅし》学《がく》)を奨励，旗本《はたもと》や御《ご》家人《けにん》の借金を帳消し
(天保《てんぽう》)の改革	(水野忠邦《みずのただくに》)	倹約《けんやく》令，風俗《ふうぞく》の取りしまり，(株仲間《かぶなかま》)の解散，江戸・大阪周辺を幕領《ばくりょう》に→失敗

国会開設までの流れ

年	できごと
1873	征韓論《せいかんろん》を主張した(板垣退助《いたがきたいすけ》)・西《さい》郷隆盛《ごうたかもり》らが政府を去る
1874	板垣が(民撰議院設立《みんせんぎいんせつりつ》(の)建白書《けんぱくしょ》)を提出
1877	(西南《せいなん》)戦争［西郷死す］
1880	国会期成同盟の結成［大阪］
1881	(国会開設の勅諭《ちょくゆ》)［10年後に国会開設］
1885	内閣制度創設 ［初代内閣総理大臣は(伊藤博文《いとうひろぶみ》)］
1889	(大日本帝国《ていこく》憲法)の発布《はっぷ》
1890	第１回(帝国議会)の開会

大日本帝国憲法下の国のしくみ

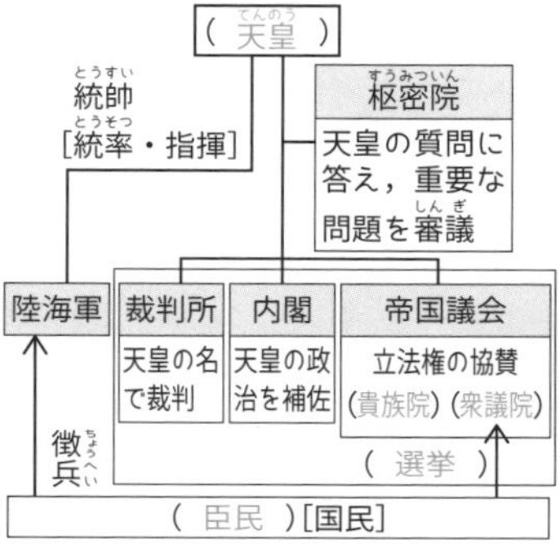

SCIENCE

理科

物質

1 物質の分解①

重要度

熱による分解

□ **1** もとの物質とは性質がちがう別の物質ができる変化を何というか。

★ □ **2** 1種類の物質が2種類以上の物質に分かれる**1**の変化を何というか。

□ **3** **2**の変化のうち，物質の加熱によって起こる変化を何というか。

炭酸水素ナトリウムの加熱

★ □ **4** 図のように，炭酸水素ナトリウムを試験管に入れて加熱した。

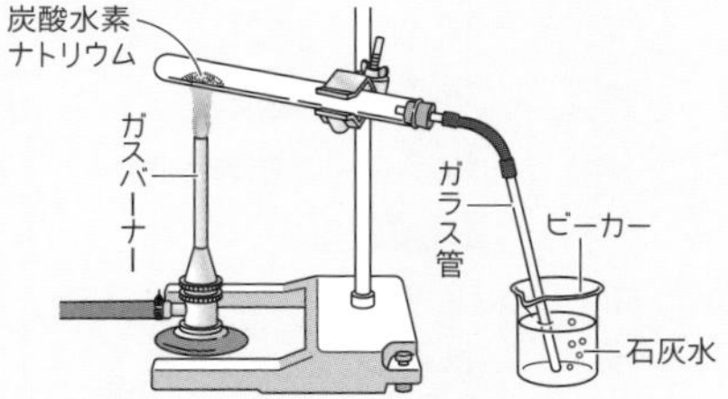

① 石灰水《せっかいすい》はどうなるか。

② 発生する気体は何か。

③ 試験管の口付近についた液体は何か。

④ ③の物質であるかどうかを調べるために使うものは何か。

⑤ 加熱後の試験管に残った固体は何か。

⑥ フェノールフタレイン溶液《ようえき》を炭酸水素ナトリウムの水溶液に加えると（　a　）色に，⑤の物質の水溶液に加えると（　b　）色になる。

解答

1 化学変化［化学反応］
物質の状態変化では，別の物質ができることはない。

2 分解
物質A→物質B＋物質C＋…

3 熱分解

4 ① 白くにごる
炭酸水素ナトリウムを試験管に入れて加熱すると，気体が発生して，試験管の口付近に液体がつく。また，加熱後，試験管の中には白い固体が残る。

② 二酸化炭素

③ 水

④ 塩化コバルト紙
青色から赤(桃)色に変化する。

⑤ 炭酸ナトリウム

⑥ a うすい赤
b 濃い赤

ぷちトク！ フェノールフタレイン溶液

① 酸性と中性では無色で，水溶液がアルカリ性かどうかを調べるのに用いる。

② 弱いアルカリ性ではうすい赤色，強いアルカリ性では濃《こ》い赤色を示す。

物質

2 物質の分解②

重要度

酸化銀の加熱

解答

★ □ 1 酸化銀を熱したとき発生する気体は何か。

1 酸素

□ 2 1で気体が発生したあとに残る，白い固体の物質は何か。

2 銀

□ 3 2の白い固体の物質をみがくとどうなるか。

3 特有の光沢《こうたく》［金属光沢］が出る
ほかに，電気をよく通す，たたくとうすく広がるなどの性質がある。

電気による分解

★ □ 4 物質に電流を流したときに，1種類の物質が2種類以上の物質に分かれることを何というか。

4 電気分解

★ □ 5 右の図のように，水に少量の水酸化ナトリウムをとかして電流を流した。
① 陰極側《いんきょくがわ》で発生する気体は何か。
② 陽極側で発生する気体は何か。

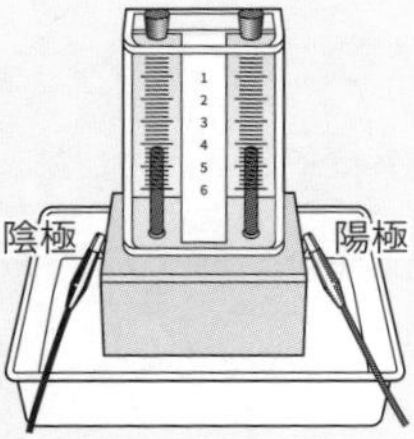

5 ① 水素
② 酸素
電源装置の－極につないだ電極を陰極，＋極につないだ電極を陽極という。

□ 6 5で，発生する気体の体積が大きいのは，陰極側と陽極側のどちら側か。

6 陰極側

□ 7 5で，水に少量の水酸化ナトリウムをとかすのはなぜか。

7 水に電流を流しやすくするため

□ 8 塩化銅水溶液《すいようえき》に電流を流したとき，陰極側に付着する物質は何か。

8 銅

□ 9 8で，陽極側で発生する気体は何か。

9 塩素

ぷちトク！ 気体の確認方法

① 酸素を入れた試験管に火のついた線香《せんこう》を入れると，線香が激しく燃える。
② 水素を入れた試験管にマッチの火を近づけると，気体が音を立てて燃える。

3 物質

原子と分子

重要度

原子

解答

★ ☐ **1** 化学変化を考えるとき，物質をつくる最小の単位となる粒子《りゅうし》を何というか。

1 原子

☐ **2**「原子は化学変化によって，2つ以上の別の原子に分かれることがある。」これは正しいか，正しくないか。

2 正しくない

☐ **3**「原子は化学変化によって，新しくできたり，なくなったり，別の種類のものになったりすることがある。」これは正しいか，正しくないか。

3 正しくない

☐ **4**「原子は，種類によって，質量や大きさは決まっている。」これは正しいか，正しくないか。

4 正しい

分子

★ ☐ **5** 物質の性質を示す最小の粒子を何というか。

5 分子

★ ☐ **6** 図1の分子のモデルは，何の分子を表しているか。

図1

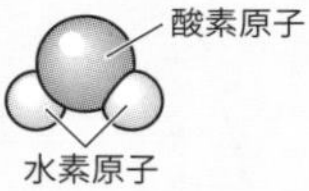

6 水
水素原子が2個，酸素原子が1個結びついた分子。

☐ **7** 図2の分子のモデルは，何の分子を表しているか。

図2

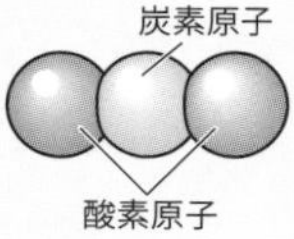

7 二酸化炭素
炭素原子が1個，酸素原子が2個結びついた分子。

☐ **8** 次のア～エのうち，分子をつくらない物質はどれか。

ア 銀
イ 酸素
ウ 水素
エ アンモニア

8 ア
すべての物質が分子をつくるわけではなく，たくさんの原子が集まってできている物質もある。

ぷちトク！ 分子をつくる物質・つくらない物質

① 分子をつくる物質→水，水素，酸素，二酸化炭素，アンモニアなど
② 分子をつくらない物質→銀，銅，鉄などの金属や，塩化ナトリウム，酸化銅など

物質

4 元素記号

重要度

元素

解答

★ □ **1** 物質をつくっている原子の種類のことを何というか。

1 元素
現在，約120種類が知られている。

□ **2** **1**を表すために，種類ごとにつけられている記号を何というか。

2 元素記号
アルファベット1文字，または2文字で表す。

★ □ **3** 次の元素記号が表す元素は何か。
① H
② Fe
③ Mg
④ Na
⑤ Ag

3 ① 水素
② 鉄
③ マグネシウム
④ ナトリウム
⑤ 銀

★ □ **4** 次の元素を表す元素記号を答えなさい。
① 銅
② 酸素
③ 炭素
④ 亜鉛《あえん》
⑤ 窒素《ちっそ》

4 ① Cu
② O
③ C
④ Zn
⑤ N

周期表

□ **5** 元素を原子番号の順に並べ，元素の性質を整理した表を何というか。

5 (元素の)周期表
原子番号は原子の構造をもとにつけられている。

□ **6** **5**の表で，性質のよく似た元素が並ぶのは，縦の列と横の行のどちらか。

6 縦の列
周期表の縦の列を族，横の行を周期という。

ぷちトク! 元素記号の表し方

① 1文字のとき→大文字で表す。例 O，C
② 2文字のとき→1文字目は大文字，2文字目は小文字で表す。例 Fe

物質

5 化学式

重要度

物質を表す式

□ **1** 元素記号と数字を使って物質を表したものを何というか。

□ **2** 右の化学式は，水素原子が（ a ）個，酸素原子が（ b ）個あることを示している。 H_2O

★ □ **3** 次の化学式が表す物質の名称は何か。
① O_2
② Ag_2O

□ **4** 次の物質を化学式で表しなさい。
① 塩化ナトリウム
② 二酸化炭素

□ **5** 酸化銅（CuO）は，銅原子と酸素原子が何対何の数の比で集まってできているか。

単体と化合物

★ □ **6** 1種類の元素からできている物質を何というか。

★ □ **7** 2種類以上の元素からできている物質を何というか。

□ **8** 2種類以上の物質が混ざり合ったものを何というか。

□ **9** 水，酸素，食塩水のうち，単体はどれか。

解答

1 化学式

2 a 2
b 1
H_2O は水の化学式。

3 ① 酸素
② 酸化銀

4 ① NaCl
② CO_2

5 1：1

6 単体

7 化合物
水（H_2O）など。

8 混合物
空気や海水など。

9 酸素

ぷちトク！ 分子をつくる物質の化学式の表し方

① 分子のモデルを元素記号に置きかえる。
② 原子をまとめ，元素記号の右下に原子の数を書く。
③ 原子の数が1の場合は，数字を省略する。

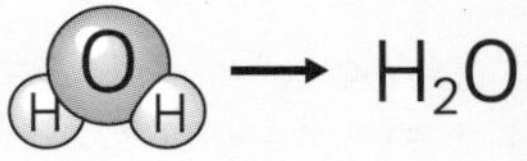

物質

6 化学変化を表す式

重要度

化学変化の表し方

★ □ **1** 化学変化のようすを化学式を用いて表した式を何というか。

□ **2** 化学反応式で，矢印の左側に書く物質は，反応前のものか，反応後のものか。

□ **3** 化学反応式の矢印の左側と右側で，原子の種類と何を同じにするか。

□ **4** 右の化学式は，（ a ）分子が（ b ）個あることを示している。 $3CO_2$

□ **5** 下の化学反応式は，水分子（ a ）個が分解して，水素分子（ b ）個と酸素分子（ c ）個ができることを表している。

$2H_2O \longrightarrow 2H_2 + O_2$

いろいろな化学反応式

★ □ **6** 次の化学反応式を完成させなさい。

① 酸化銀の分解

$2Ag_2O \longrightarrow (\ a \ )Ag + (\ b \ )$

② 炭酸水素ナトリウムの分解

$(\ a \ )NaHCO_3 \longrightarrow Na_2CO_3 + (\ b \ ) + H_2O$

解答

1 化学反応式

2 反応前

3 数

4 a 二酸化炭素

b 3

化学式の前の数字は，分子の数を表す。

5 a 2

b 2

c 1

6 ① a 4

b O_2

酸化銀を加熱すると，銀と酸素に分解される。

② a 2

b CO_2

炭酸水素ナトリウムを加熱すると，炭酸ナトリウムと二酸化炭素，水に分解される。

ぷちトク！ 化学反応式の表し方

① 化学変化を物質名を使って表す。

② 物質をモデルや化学式で表す。

③ 式の矢印の左側と右側で，原子の種類と数が等しくなるようにする。

物質

7 いろいろな化学変化①

重要度

物質が結びつくときの化学変化

□ **1** 2種類以上の物質が結びついてできる物質は，もとの物質と同じものか，ちがうものか。

□ **2** 2種類以上の物質が結びついてできる物質を何というか。

鉄と硫黄が結びつく化学変化

★ □ **3** 図のように，鉄と硫黄《いおう》の混合物を加熱すると，試験管の中に黒い物質ができた。

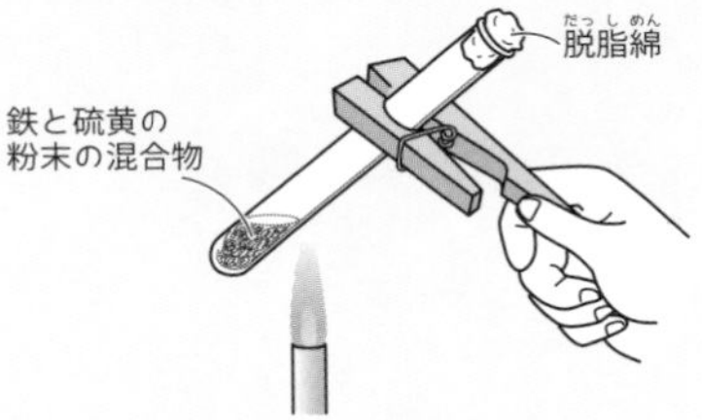

① 加熱して赤く変わりはじめたところで加熱をやめると，そのあとの反応は続くか，止まるか。

② 加熱後の黒い物質は，磁石につくか，つきにくいか。

③ 加熱後の黒い物質に塩酸を加えると発生する気体は何か。

④ 鉄と硫黄の混合物を加熱したときのようすを表す化学反応式を書きなさい。

解答

1 ちがうもの
物質A＋物質B→物質C

2 化合物

3 ① 続く
鉄と硫黄の混合物を加熱すると，熱や光を出して反応が起こり，加熱をやめたあとも反応が続く。

② つきにくい
磁石につくのは，鉄の性質である。

③ 硫化水素［H_2S］
卵の腐《くさ》ったようなにおいがする。鉄に塩酸を加えると，無臭《むしゅう》の水素が発生する。

④ $Fe + S \longrightarrow FeS$
鉄＋硫黄→硫化鉄

ぷちトク！ 鉄と硫黄が結びつく化学変化の実験方法

① 混合物の上部を加熱する。

② 硫黄の蒸気が出ないように，脱脂綿で栓をする。

8 いろいろな化学変化②

重要度

酸素と結びつく化学変化

解答

★ □ **1** 物質が酸素と結びつく化学変化を何というか。

□ **2** **1**によってできた物質を何というか。

★ □ **3** **1**のうち，光や熱を出して激しく反応することを何というか。

□ **4** 右の図のように，石灰水《せっかいすい》を入れたびんの中で木炭(炭素)を燃やした。

① 木炭を燃やしたあとの質量は，燃やす前と比べてどうなるか。

② 燃やしたあと，びんにふたをしてよく振《ふ》ると，石灰水はどうなるか。

1 酸化

2 酸化物

3 燃焼

4 ① 減少する
② 白くにごる

金属と酸素が結びつく化学変化

□ **5** 右の図のように，石灰水を入れたびんの中でスチールウール(鉄)を燃やした。

① 燃やしたあとの物質の質量は，燃やす前と比べてどうなるか。

② 燃やしたあとの物質の物質名は何か。

③ 燃やしたあと，びんにふたをしてよく振ると，石灰水はどうなるか。

5 ① 増加する
② 酸化鉄
③ 変化しない
鉄の酸化では，二酸化炭素は発生しない。

ぷちトク！ いろいろな酸化

① 銅の酸化　銅＋酸素──→酸化銅　$2Cu + O_2 \longrightarrow 2CuO$

② マグネシウムの酸化　マグネシウム＋酸素──→酸化マグネシウム　$2Mg + O_2 \longrightarrow 2MgO$

物質

9 いろいろな化学変化③

重要度

還元

☆ □ **1** 酸化物から酸素をうばう化学変化を何というか。

☆ □ **2** **1**が起こるときに，同時に起こる化学変化は何か。

酸化銅と炭素の反応

□ **3** 次の装置で酸化銅と炭素粉末の混合物を十分に加熱した。

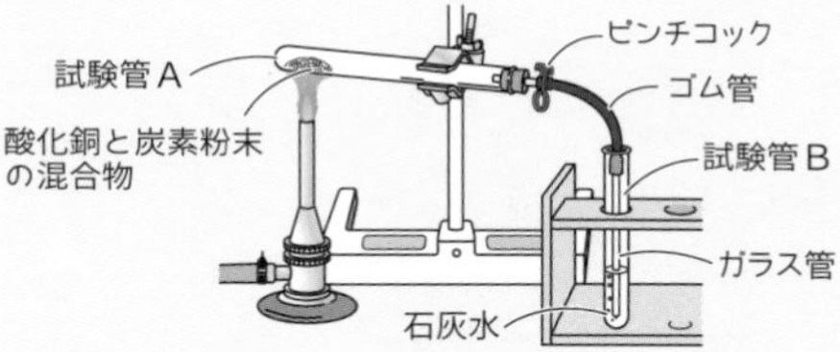

① 加熱後，試験管Aに残った物質は何か。
② 加熱中，試験管Bの石灰水《せっかいすい》はどうなったか。
③ ②より，何が発生したことがわかるか。
④ ガラス管を石灰水からぬいて火を消したあと，ピンチコックでゴム管を閉じるのは，試験管Aに何が入らないようにするためか。
⑤ 酸化銅と炭素のうち，還元《かんげん》されたのはどちらか。
⑥ 酸化銅と炭素のうち，酸化されたのはどちらか。
⑦ 化学反応式で表すと，
$(\ a \ )CuO + C \longrightarrow (\ b \ )Cu + CO_2$

解答

1 還元

2 酸化

3 ① 銅
赤色で金属光沢がある。
② 白くにごった
石灰水は二酸化炭素の有無を調べる試薬である。
③ 二酸化炭素
④ 空気［酸素］
ピンチコックで閉じないと試験管Aにできた物質が再び酸化してしまう。
⑤ 酸化銅
⑥ 炭素
⑦ a 2
b 2

ぷちトク！ 水素による還元

① 水素中に熱した酸化銅を入れると，酸化銅が還元され，水素が酸化される。
② 酸化銅＋水素 ⟶ 銅＋水　$CuO + H_2 \longrightarrow Cu + H_2O$

物質

10 化学変化と熱の出入り

重要度

まわりの温度が上がる反応

★ □ **1** まわりに熱を出すことで，温度が上がる化学変化を何というか。

□ **2** 鉄粉と活性炭の混合物に食塩水を加えると，温度はどうなるか。

□ **3** 次のア～エのうち，ひもを引くとあたためられる加熱式弁当に使われているのは何か。2つ選びなさい。

ア　塩酸

イ　酸化カルシウム

ウ　炭酸水素ナトリウム

エ　水

まわりの温度が下がる反応

★ □ **4** まわりから熱をうばい，温度が下がる化学変化を何というか。

□ **5** 炭酸水素ナトリウムとクエン酸の混合物に水を入れると，反応後の温度はどうなるか。

□ **6** 塩化アンモニウムと水酸化バリウムを混ぜると，反応後の温度はどうなるか。

□ **7** **6**の反応で，発生した気体は何か。

□ **8** 物質がもっているエネルギーを何というか。

解答

1 発熱反応

2 上がる
化学かいろに利用されている。

3 イ，エ
酸化カルシウム（生石灰）が水と反応して，水酸化カルシウム（消石灰）が生じる際に熱が発生する。

4 吸熱反応

5 下がる
冷却パックに利用されている。

6 下がる

7 アンモニア

8 化学エネルギー

ぷちトク！ 発熱反応と吸熱反応

- 発熱反応　まわりに熱を放出する→まわりの温度が上がる。
- 吸熱反応　まわりから熱をうばう→まわりの温度が下がる。

物質

11 化学変化と質量の変化

重要度

沈殿ができる反応

□ **1** うすい硫酸とうすい水酸化バリウム水溶液《すいようえき》を混ぜ合わせたあとにできる沈殿《ちんでん》は何という物質か。

★ □ **2** **1**の反応で，混ぜ合わせる前の質量の合計と比べて，混ぜ合わせたあとの質量はどうなるか。

気体が発生する反応

★ □ **3** 下の図のように，うすい塩酸と炭酸水素ナトリウムを容器に別々に入れ，容器全体の質量をはかったあと，容器を傾《かたむ》けて気体を発生させた。

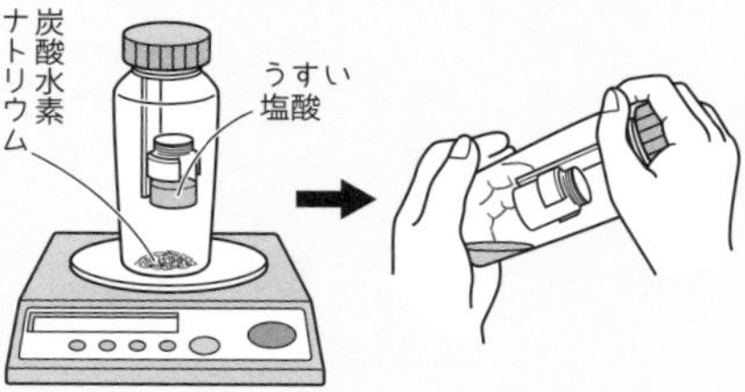

① 発生した気体は何か。

② 反応後，容器全体の質量は反応前と比べてどうなるか。

③ ②のあと，容器のふたを開けて再び質量をはかると，ふたを開ける前と比べて質量はどうなるか。

★ □ **4** 化学変化の前後で，物質全体の質量は変わらないことを何の法則というか。

解答

1 硫酸バリウム

$H_2SO_4 + Ba(OH)_2 \longrightarrow BaSO_4 + 2H_2O$

2 変わらない［同じ］

3 ① 二酸化炭素

$NaHCO_3 + HCl \longrightarrow NaCl + H_2O + CO_2$

② 変わらない

密閉されているので，物質の出入りがない。

③ 減少する

発生した気体の一部が空気中へ逃げる。

4 質量保存の法則

化学変化の前後で，物質をつくる原子の組み合わせは変わるが，原子の種類と数は変わらない。

ぷちトク！ 質量保存の法則と原子の種類と数

① 化学変化の前後で，原子の組み合わせは変わるが，原子の種類と数は変わらない。

② 質量保存の法則は，化学変化だけでなく，状態変化や溶解でも成り立つ。

物質

12 化学変化と質量の割合

重要度

銅と結びつく酸素の質量

□ **1** 銅の粉末0.60 gを十分に加熱すると，酸化銅0.75 gができた。このとき，銅と結びついた酸素は何gか。

金属の質量と酸化物の質量

★ □ **2** 下の図は，銅とマグネシウムの質量と，加熱によってできた酸化物の質量をグラフに表したものである。

金属の加熱前後の質量の関係

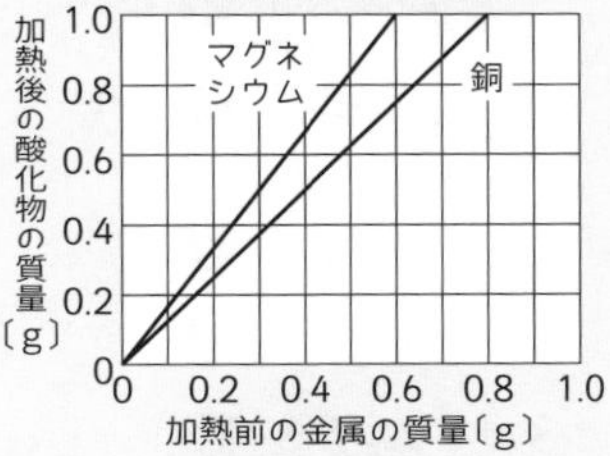

① 銅の質量と酸化銅の質量の比を求めなさい。

② 銅の質量と結びつく酸素の質量の比を求めなさい。

③ マグネシウムの質量と酸化マグネシウムの質量の比を求めなさい。

④ マグネシウムの質量と結びつく酸素の質量の比を求めなさい。

□ **3** 銅と酸素の反応を化学反応式で表しなさい。

□ **4** マグネシウムと酸素の反応を化学反応式で表しなさい。

解答

1 0.15 g
酸素の質量＝酸化銅の質量－銅の質量

2 ① 4：5
② 4：1
③ 3：5
④ 3：2

3 $2Cu + O_2 \longrightarrow 2CuO$

4 $2Mg + O_2 \longrightarrow 2MgO$

ぷちトク！ 物質どうしが結びつく質量の割合

① 銅：酸素：酸化銅＝4：1：5

② マグネシウム：酸素：酸化マグネシウム＝3：2：5

生命

13 細胞のつくり

重要度

植物の細胞と動物の細胞

解答

□ 1 図1，図2のうち，植物の細胞《さいぼう》はどちらか。

1 図2

図1

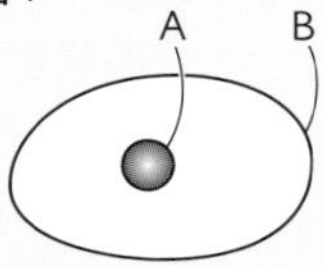

□ ★ 2 図1のAを何というか。

2 核

□ 3 図1のBを何というか。

3 細胞膜

□ 4 2を染める染色液《せんしょくえき》を1つ答えなさい。

4 酢酸カーミン液［酢酸オルセイン液，酢酸ダーリア液］

図2

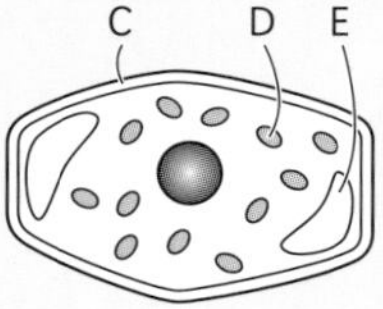

□ 5 図2のCを何というか。

5 細胞壁

□ 6 5のはたらきは何か。

6 植物のからだを支える［細胞の形を維持する］

□ 7 緑色をしている図2のDを何というか。

7 葉緑体

□ 8 図2のEを何というか。

8 液胞

□ ★ 9 植物と動物の細胞に共通するつくりを2つ書きなさい。

9 核，細胞膜

□ 10 細胞膜《さいぼうまく》と，その内側の核《かく》をふくまない部分を何というか。

10 細胞質

多細胞生物のからだのつくり

□ 11 同じはたらきをする細胞が集まったものを何というか。

11 組織
表皮組織，筋組織など。

□ 12 11が集まって（　a　）となり，それがさらに集まって（　b　）となる。

12 a 器官
b 個体

ぷちトク！ 植物と動物の細胞のつくり

- 植物の細胞（形が定まっている）→核，細胞膜，葉緑体，発達した液胞，細胞壁
- 動物の細胞（形が定まっていない）→核，細胞膜
- 植物と動物のどちらの細胞の核も染色液で染まる。

生命

14 光合成と呼吸

重要度

光合成

★ □ **1** 植物が光を受けて，栄養分をつくるはたらきを何というか。

★ □ **2** **1**は植物の細胞《さいぼう》のどこで行われるか。

□ **3** 光を十分に当てた葉を脱色《だっしょく》し，ヨウ素液をつけて観察すると，**2**は何色に変化するか。

□ **4** **1**の原料となるのは水と何か。

□ **5** **1**によってつくり出されるものは何か。物質名を2つ書きなさい。

光合成と呼吸

□ **6** 酸素をとり入れて，二酸化炭素を出すはたらきを何というか。

★ □ **7** 次のア，イのうち，昼の植物の気体の出入りを模式的に表しているのはどちらか。

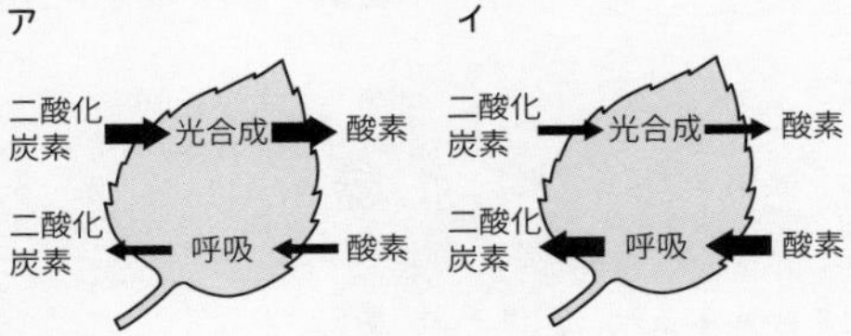

□ **8** 植物に光が十分に当たっているとき，全体として（ a ）を吸収して，（ b ）を放出しているように見える。

解答

1 光合成

2 葉緑体

3 青紫色《あおむらさきいろ》

4 二酸化炭素

5 デンプン，酸素

6 呼吸

7 ア

8 a 二酸化炭素
b 酸素

ぷちトク！ 光合成と呼吸のまとめ

① 光合成では，水と二酸化炭素が使われてデンプンなどがつくられ，酸素が発生する。

② 呼吸では，酸素をとり入れて二酸化炭素を出す。

③ 昼は光合成と呼吸を同時に行い，夜は光合成は行わず呼吸のみを行う。

15 生命 葉・茎・根のつくり①

重要度

葉のつくり

☐ **1** 右の図のAの管を何というか。

☐ **2** 右の図のBの管を何というか。

☐ **3** 右の図のAとBの集まりであるCを何というか。

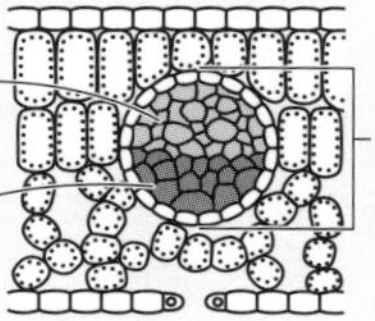

茎と根のつくり

☐ **4** 右の図のAの管を何というか。

☐ **5** 右の図のBの管を何というか。

☐ **6** 右の図のAとBの集まりであるCを何というか。

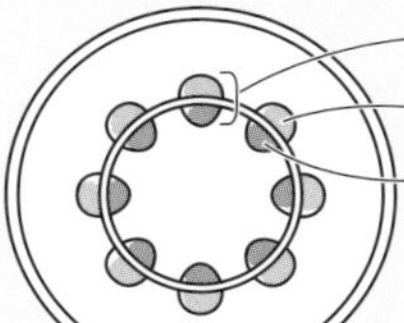

☐ **7** 双子葉類の茎《くき》の横断面を観察すると，**6**はどのように分布しているか。

☐ **8** 単子葉類の茎の横断面を観察すると，**6**はどのように分布しているか。

☐ **9** 根から吸収した水や水にとけた養分が通る管を何というか。

☐ **10** 根の先端《せんたん》にある小さな毛のようなつくりを何というか。

解答

1 道管

2 師管

3 維管束《いかんそく》
葉の場合，葉脈ともいう。

4 師管
表皮に近いほうに並んでいる管である。

5 道管
茎の中心に近いほうに並んでいる管である。

6 維管束

7 輪のように並ぶ

8 散らばっている

9 道管

10 根毛

ぷちトク! 師管と道管の位置

① 葉では，道管は表側，師管は裏側にある。

② 茎では，道管は中心側，師管は表皮側にある。

生命

16 葉・茎・根のつくり②

重要度

気孔のつくり

解答

☆ □ 1 右の図のAのすきまは何か。

□ 2 右の図の，三日月形をしたBの細胞《さいぼう》は何か。

□ 3 右の図のCの粒《つぶ》は何か。

〈葉の表面〉

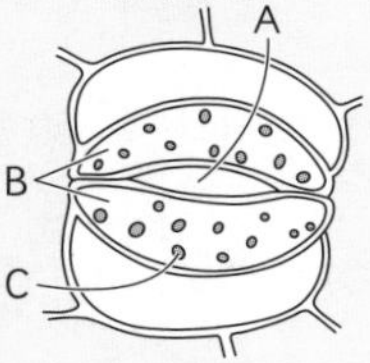

☆ □ 4 次のア～エのうち，1からとり入れられたり出されたりするものはどれか。すべて選びなさい。

ア　養分　　イ　水蒸気

ウ　酸素　　エ　二酸化炭素

1 気孔

2 孔辺細胞

3 葉緑体

4 イ，ウ，エ
気孔は，蒸散における気体の出口，呼吸・光合成における気体の出入り口になっている。

蒸散

☆ □ 5 植物のからだの中の水分が，気孔《きこう》などから水蒸気になって出ていくことを何というか。

□ 6 5によって出ていく水の量は，昼と夜のうちどちらが多いか。

□ 7 ふつう，葉の表側と裏側で，5によって出ていく水の量が多いのはどちらか。

□ 8 7のようになるのはなぜか。

□ 9 植物の蒸散を調べる実験では，水面からの水の(　　　)を防ぐために水面に油を入れる。

□ 10 蒸散がさかんに行われるときに，根からさかんに吸い上げられるものは何か。

5 蒸散

6 昼

7 (葉の)裏側

8 (葉の)裏側に気孔が多いから

9 蒸発
油は水を通さない。

10 水

ぷちトク! 気孔の数と植物の種類

① イネなどは，葉の表側と裏側で，気孔の数にちがいがない。

② スイレンなどは，水面に浮かぶ葉の表側にしか気孔が見られない。

生命

17 消化のしくみ

重要度

食物の消化

問題	解答
□ 1 食物を吸収されやすい状態に変えることを何というか。	1 消化
□ 2 食物の通り道である，口から肛門《こうもん》までの1本の長い管を何というか。	2 消化管
□ 3 だ液や胃液のように食物を消化するはたらきをもつ液を何というか。	3 消化液 ほかに胆汁《たんじゅう》やすい液など。
□ 4 アミラーゼのように食物を分解するはたらきをもつ物質を何というか。	4 消化酵素
★ □ 5 デンプンは，消化によって分解されて最終的に何になって吸収されるか。	5 ブドウ糖
★ □ 6 タンパク質は，消化によって分解されて最終的に何になって吸収されるか。	6 アミノ酸
□ 7 タンパク質は胃液にふくまれる何という消《しょう》化《か》酵《こう》素《そ》によって分解されるか。	7 ペプシン
□ 8 胆《たん》のうにたくわえられ，小腸で脂肪《しぼう》の分解を助ける消化液を何というか。	8 胆汁 消化酵素をふくまない。
□ 9 8はどこでつくられるか。	9 肝臓《かんぞう》
★ □ 10 脂肪は消化によって分解されて最終的に何になって吸収されるか。2つ書きなさい。	10 脂肪酸，モノグリセリド
□ 11 脂肪はすい液にふくまれる何という消化酵素によって分解されるか。	11 リパーゼ

ぷちトク！ 栄養分と消化液

① デンプン→だ液，すい液，小腸の壁《かべ》の消化酵素がはたらく。

② タンパク質→胃液，すい液，小腸の壁の消化酵素がはたらく。

③ 脂肪→胆汁と，すい液の消化酵素がはたらく。（胆汁には消化酵素はふくまれない。）

18 吸収のしくみ

重要度

小腸のつくり

- □ 1 消化された栄養分を体内にとりこむことを何というか。
- □ 2 おもに，1のはたらきをする器官は何か。
- ★ □ 3 2の壁《かべ》のひだに無数にある，右の図のような突起を何というか。

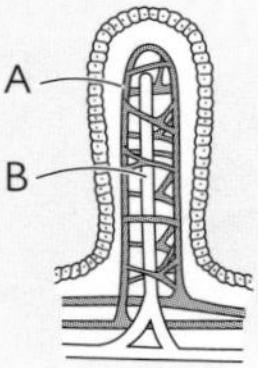

- ★ □ 4 3があることで効率よく栄養分が吸収できる。これはなぜか。
- □ 5 右上の図のAの管を何というか。
- □ 6 右上の図のBの管を何というか。

柔毛での吸収

- □ 7 小腸で吸収されたブドウ糖は，柔毛の毛細血管とリンパ管のどちらに入るか。
- □ 8 小腸で吸収されたアミノ酸は，柔毛の毛細血管とリンパ管のどちらに入るか。
- □ 9 小腸で吸収されたあと，ブドウ糖やアミノ酸を一時的にたくわえる器官は何か。
- □ 10 脂肪酸《しぼうさん》とモノグリセリドは，柔毛に入ったあと何になるか。
- □ 11 10は，毛細血管とリンパ管のどちらに入るか。

解答

1 吸収
2 小腸
3 柔毛《じゅうもう》
4 小腸の内側の表面積が大きくなるから
5 毛細血管
6 リンパ管
7 毛細血管
8 毛細血管
9 肝臓《かんぞう》
10 脂肪
11 リンパ管

ぷちトク！ 柔毛での吸収のようす

① ブドウ糖，アミノ酸→柔毛の毛細血管に入ったあと肝臓を通って全身に運ばれる。

② 脂肪酸，モノグリセリド→柔毛で再び脂肪になったあとリンパ管に入り，首の下で血管と合流し，血液によって全身に運ばれる。

生命

19 呼吸のはたらき

重要度

肺での呼吸

解答

□ **1** 息を吸うとき，肺の下にある横隔膜《おうかくまく》は上がるか，下がるか。

1 下がる

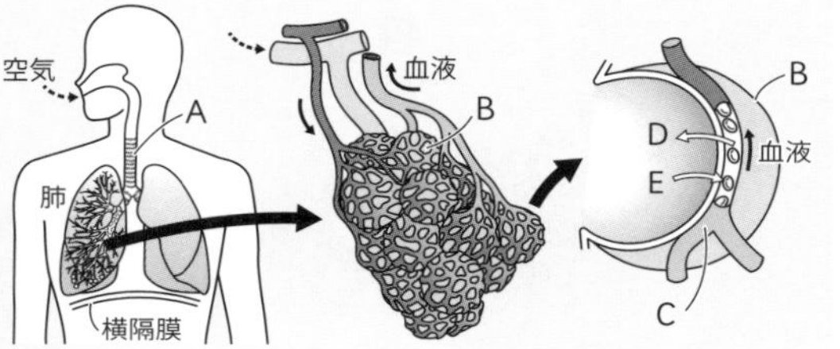

□ **2** 上の図のAの管を何というか。

2 気管

★ □ **3** 上の図のBの小さい袋状《ふくろじょう》のつくりを何というか。

3 肺胞

□ **4** 上の図のBをとりまくCを何というか。

4 毛細血管［血管］

□ **5** 毛細血管から受けわたされるDの気体は何か。

5 二酸化炭素

□ **6** 空気中からとりこまれるEの気体は何か。

6 酸素

細胞呼吸

★ □ **7** からだを構成している細胞《さいぼう》1つ1つが行う呼吸を何というか。

7 細胞(の)呼吸［細胞による呼吸］

□ **8** 細胞は，**7**によって何をとり出しているか。

8 エネルギー

□ **9** 細胞が酸素と栄養分を使い**7**を行ったあとには，気体の（　a　）と液体の（　b　）ができる。

9 a 二酸化炭素
b 水

ぷちトク！ 細胞(の)呼吸

① 細胞1つ1つが行い，生きるためのエネルギーをとり出す。
② 酸素と栄養分からエネルギーをとり出し，二酸化炭素と水が発生する。
③ 細胞(の)呼吸を内呼吸，肺やえらによる呼吸を外呼吸ともいう。

生命

20 排出のしくみ

重要度

肝臓のはたらき

□ **1** 細胞のはたらきによって，何が分解されるとアンモニアができるか。

★□ **2** 有害なアンモニアを無害な物質に変える器官は何か。

□ **3** アンモニアは**2**で何という物質に変えられるか。

腎臓のはたらき

★□ **4** 右の図のAの器官は何か。

□ **5** 右の図のBのつくりは何か。

□ **6** 右の図のCの器官は何か。

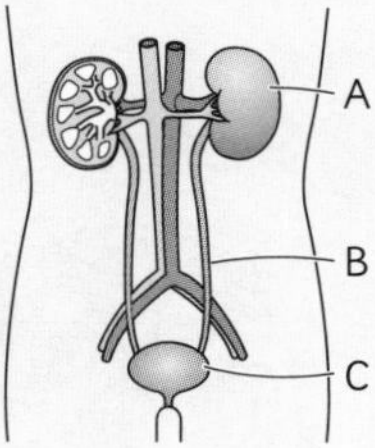

★□ **7** 尿をためるはたらきをもつのは，上の図のA～Cのどれか。

□ **8** 血液中から尿素などの不要な物質をこし出すはたらきをもつのは，上の図のA～Cのどれか。

□ **9** 不要な物質をからだの外に出すはたらきを何というか。

解答

1 アミノ酸
窒素《ちっそ》がふくまれているため，分解されると，水と二酸化炭素，アンモニアができる。

2 肝臓《かんぞう》

3 尿素《にょうそ》

4 腎臓《じんぞう》

5 輸尿管［尿管］

6 ぼうこう

7 C

8 A
Aを通ったあとの血液は，不要な物質が少なくなる。

9 排出《はいしゅつ》

ぷちトク！ 肝臓のはたらき

① 胆汁をつくる。
② 栄養分を一時的にたくわえる。 ブドウ糖→グリコーゲン，アミノ酸→タンパク質
③ 解毒する。 アンモニア（有害）→尿素（無害）

生命

21 血液の循環

重要度

血液の成分

解答

□ 1 赤血球にふくまれる赤色の物質を何というか。

1 ヘモグロビン

★ □ 2 1は酸素の多いところでは酸素と（　a　），酸素の少ないところでは酸素を（　b　）性質をもつ。

2 a 結びつき
b はなす

□ 3 ウイルスや細菌《さいきん》をとりこんで分解する血液の固形成分は何か。

3 白血球

□ 4 血液の液体成分を何というか。

4 血しょう

★ □ 5 4が毛細血管からしみだして，細胞《さいぼう》のまわりを満たしている液を何というか。

5 組織液
細胞と血管との物質のやりとりを仲立ちする。

血液の循環

★ □ 6 右の図のA～Dのうち，動脈はどれか。2つ選びなさい。

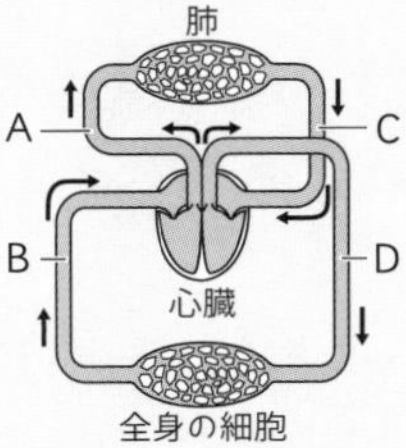

6 A，D
心臓から出る血液が通るのが動脈，心臓に入る血液が通るのが静脈。

□ 7 心臓から肺を通って，心臓に戻《もど》る血液の循環《じゅんかん》を何というか。

7 肺循環

□ 8 心臓から肺以外の全身を通って，心臓に戻る血液の循環を何というか。

8 体循環

□ 9 酸素を多くふくむ血液を何というか。

9 動脈血

□ 10 右上の図のA～Dのうち，静脈血が流れる血管はどれか。2つ選びなさい。

10 A，B
二酸化炭素を多くふくむ。

ぷちトク！ 血液の流れとその特徴

① 動脈血は，酸素を多くふくむ。肺静脈→左《さ》心房《しんぼう》→左心室→大動脈に流れる。
② 静脈血は，二酸化炭素を多くふくむ。大静脈→右心房→右心室→肺動脈に流れる。
③ 血液の逆流を防ぐために，静脈のところどころには弁がある。

生命

22 感覚器官

重要度

目のつくり

★ □ **1** 目や耳のように刺激《しげき》を受けとる器官を何というか。

□ **2** 目が受けとる刺激は何か。

★ □ **3** 右の図は，目のつくりを表したものである。

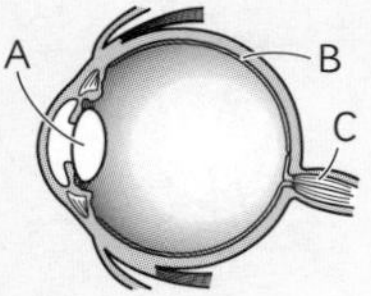

① 図のAのつくりを何というか。

② 図のBのつくりを何というか。

③ 図のA～Cのうち，目に入った光が像を結ぶ場所はどこか。

④ 目に入った光の刺激の信号はCを通ったあと，どこに送られるか。

耳のつくり

□ **4** 耳で空気の振動《しんどう》をとらえることで生じる感覚を何というか。

□ **5** 耳のつくりで，空気の振動をとらえて振動する部分を何というか。

□ **6** 右の図のAのつくりを何というか。

□ **7** 右の図のBのつくりを何というか。

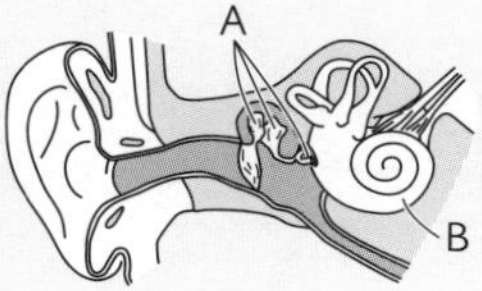

解答

1 感覚器官
ほかに鼻，皮膚，舌がある。

2 光

3 ① レンズ［水晶体《すいしょうたい》］
② 網膜《もうまく》
③ B
④ 脳
脳が刺激を受けとると「見えた」という感覚が生じる。

4 聴覚

5 鼓膜《こまく》

6 耳小骨
振動を伝える。

7 うずまき管

ぷちトク！ その他の感覚器官

① 嗅覚《きゅうかく》→感覚器官は鼻。刺激はにおい。

② 触覚→感覚器官は皮膚《ひふ》。刺激はあたたかさ，冷たさ，痛み，圧力。

③ 味覚→感覚器官は舌。刺激は味。

生命

23 刺激と反応

重要度

神経系のつくりとはたらき

□ 1 脳や脊髄《せきずい》をまとめて何神経というか。

□ 2 ❶から枝分かれして，全身に広がる神経を何というか。

□ 3 右の図のAを何神経というか。

□ 4 右の図のBを何神経というか。

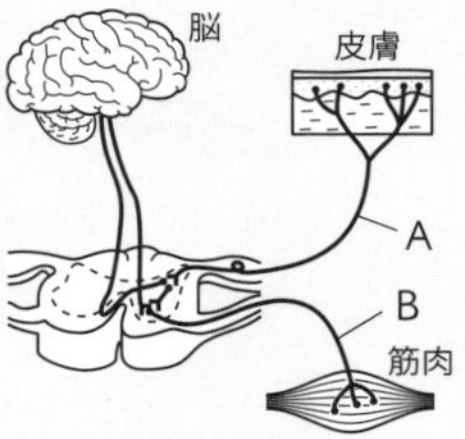

刺激に対する反応

★ □ 5「右手をにぎられたら左手でとなりの人の手をにぎる」という反応を起こすとき，信号は次のような経路で伝わる。
右手→(　a　)神経→(　b　)→脳
→(　b　)→(　c　)神経→左手

□ 6 刺激に対して無意識に起こる反応を何というか。

★ □ 7「手が熱いものにふれた瞬間《しゅんかん》に思わず手を引っこめる」という反応が起きるとき，信号は次のような経路で伝わる。
皮膚→感覚神経→(　a　)→(　b　)神経→手

□ 8 意識して起こす反応に比べて，❻は，反応するまでの時間がどうなるか。

解答

1 中枢神経

2 末しょう神経

3 感覚神経

4 運動神経
脳からの命令の信号を手や足などに伝える神経

5 a 感覚
b 脊髄
c 運動

6 反射

7 a 脊髄
b 運動

8 短くなる

ぷちトク！ 反射の例

① からだのはたらきを調節する→食物を口に入れるとだ液が出る。明るいところから暗いところに入るとひとみが大きくなる。

② 危険から身を守る→目に虫が入りそうになって，とっさに目をつぶる。

生命

24 運動のしくみ

重要度

骨格のつくり

□ **1** 動物などがもつからだを支える構造のことを何というか。

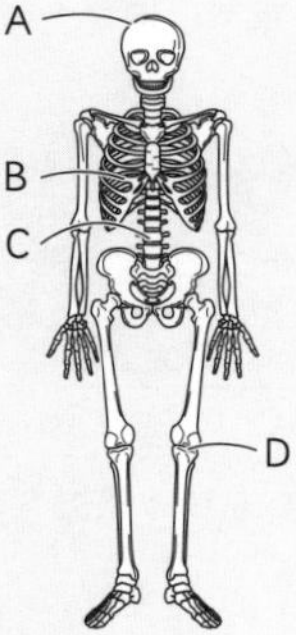

□ **2** ヒトのように，からだの中にある**1**を何というか。

□ **3** 右の図のAにはどのようなはたらきがあるか。

□ **4** 右の図のB～Dのうち，からだを中心で支えているのはどれか。

うでの曲げのばし

★ □ **5** 骨についている筋肉の両端《りょうたん》の丈夫《じょうぶ》なつくりを何というか。

★ □ **6** うでやあしなどにある，骨格を曲げることができる部分を何というか。

□ **7** 右の図の筋肉A，Bのうち，縮んでいるのはどちらか。

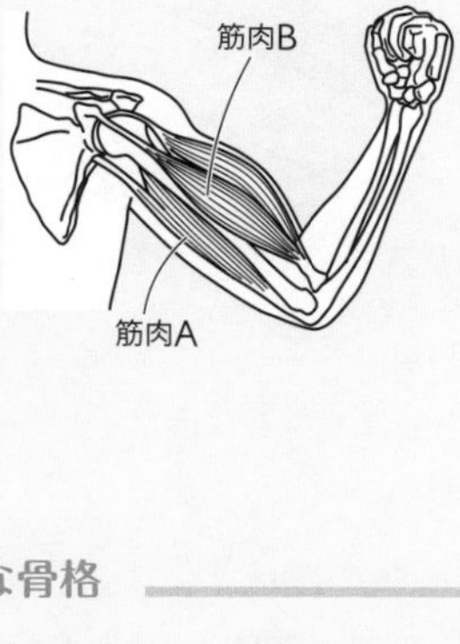

□ **8** **7**のとき，もう一方の筋肉はどうなっているか。

解答

1 骨格
からだを支える，守る，動かすはたらきをしている。

2 内骨格

3 脳を守るはたらき

4 C

5 けん

6 関節

7 B

8 ゆるんでいる

ぷちトク！ いろいろな骨格

① 頭骨→脳を守る。

② ろっ骨→肺を守り呼吸運動にかかわる。

③ 骨盤《こつばん》→胎児《たいじ》(妊娠《にんしん》中)や内臓を支える。あしと胴体《どうたい》をつなぐ。

地球

25 大気圧と圧力

重要度

大気による圧力

□ **1** 単位面積あたりの面を垂直に押《お》す力の大きさを何というか。

□ **2** **1**の単位を表す記号Paは何と読むか。

□ **3** **1**の単位を表す記号N/m^2は何と読むか。

★ □ **4** 圧力＝$\dfrac{\text{面に加わる（　a　）の大きさ}}{\text{力が加わる（　b　）}}$

□ **5** 空気に押されることで生じる圧力を何というか。

□ **6** **5**の単位を表す記号hPaは何と読むか。

圧力の求め方

★ □ **7** 下の図のように，はたらく重力の大きさが10Nの物体をスポンジの上にのせた。

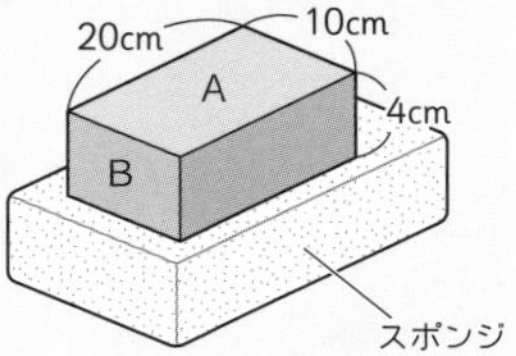

① スポンジのへこみが大きいのは，AとBのどちらの面を下にしたときか。

② Aの面の面積は何m^2か。

③ Aの面を下にしたときスポンジにはたらく圧力は何Paか。

解答

1 圧力

2 パスカル

3 ニュートン毎平方メートル

4 a 力
b 面積

5 大気圧［気圧］

6 ヘクトパスカル
1hPa＝100Pa

7 ① B
力の大きさが同じとき，圧力は力が加わる面積に反比例する。
② $0.02m^2$
単位をcmからmに変換する。
③ 500Pa
$\dfrac{10N}{0.02m^2}$＝500Pa

ぷちトク！ 力の大きさと面積の関係

① 加わる力の大きさ〔N〕が同じ→圧力は面積に反比例する。面積が大きいほど圧力は小さく，面積が小さいほど圧力は大きくなる。

② 力が加わる面積が同じ→圧力は面に加わる力の大きさに比例する。

26 地球 気象の観測

重要度

気象の観測

□ **1** 気温や湿度《しつど》，風向のように天気のようすを表す要素を何というか。

□ **2** 空全体を10として0～10で表される雲のしめる割合を何というか。

★□ **3** **2**が8で雨や雪などが降っていないときの天気は何か。

□ **4** 風のふいてくる方向を（　a　）方位で表したものを（　b　）という。

□ **5** 風力階級は，何段階あるか。

乾湿計による湿度の求め方

★□ **6** 下の図は，乾湿計《かんしつけい》の一部を拡大したもので，表は湿度表の一部である。

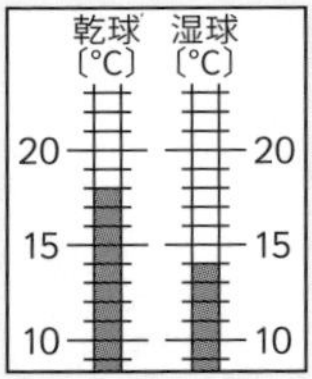

乾球の示度〔°C〕	乾球と湿球の示度の差〔°C〕							
	0	1	2	3	4	5	6	7
20	100	90	81	72	64	56	48	40
18	100	90	80	71	62	53	44	36
16	100	89	79	69	59	50	41	32
14	100	89	78	67	56	46	37	27

① 気温や湿度を測定するためには，乾湿計はどのようなところに置くとよいか。

② 図のとき，気温は何°Cか。

③ 図のとき，湿度は何%か。

解答

1 気象要素

2 雲量

快晴（0～1），晴れ（2～8），くもり（9～10）となる。

3 晴れ

4 a 16

b 風向

5 13段階

6 ① 風通しがよく，直接日光が当たらない，地上から1.5mくらいの高さのところ

② 18.0°C

③ 62%

乾球温度計が18.0°C，湿球温度計が14.0°Cを示しており，乾球と湿球の示度の差は4°C。

ぷちトク！ 乾湿計と湿度

① 乾球温度計と湿球《しっきゅう》温度計の示度をそれぞれ読みとる。

② 乾球温度計と湿球温度計の示度の差を求める。

③ 湿度表で，乾球温度計の示度の行と，②の示度の差の列の交点の値《あたい》を読みとる。

地球

27 天気図

重要度

天気図の記号

解答

☐ **1** 次の天気の記号が表す天気は何か。

① 

② 

③ 

④ 

1 ① くもり
② 雨
③ 晴れ
④ 雪

☐ **2** 天気図記号では，風向は矢の（　a　）で表し，風力は矢ばねの（　b　）で表す。

2 a 向き
b 数

☐ **3** 右の図は，天気図記号である。
① 天気は何か。
② 風向は何か。
③ 風力は何か。

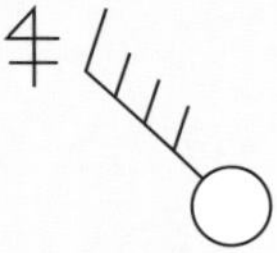

3 ① 快晴
○の部分の記号が天気を表している。
② 北西
③ 4

気圧と天気図

☐ **4** 観測された気象要素を記号を使って地図上に記入したものを何というか。

4 天気図

☐ **5** **4**上で，同時刻に観測した気圧の等しいところを結んだなめらかな曲線を何というか。

5 等圧線

☐ **6** **5**は，1000hPaを基準に，（　a　）hPaごとに細い実線で引き，（　b　）hPaごとに太線にする。

6 a 4
b 20

ぷちトク！ 天気図の記号のかき方

① 観測地点に天気の記号（○，◎，●など）をかく。
② 風がふいてくる向きに矢をのばす。
③ 風向が北のとき，矢ばねの1～6本目は右側に，7～12本目は左側にかく。

28 地球

空気中の水蒸気

重要度

湿度

★ □ **1** 空気中の水蒸気が水滴《すいてき》に変わりはじめるときの温度を何というか。

□ **2** $1 m^3$ の空気がふくむことのできる水蒸気の最大量を何というか。

□ **3** 空気の湿《しめ》り具合を百分率で表したものを何というか。

□ **4** 湿度《しつど》＝$\dfrac{\text{空気 } 1 m^3 \text{ にふくまれる（ a ）の質量}}{\text{その気温での（ b ）}} \times 100$

露点と湿度の求め方

★ □ **5** 右の図のように，金属製のコップに入れた水を氷で冷やした。実験をはじめたときの室温と水温はどちらも25℃であった。

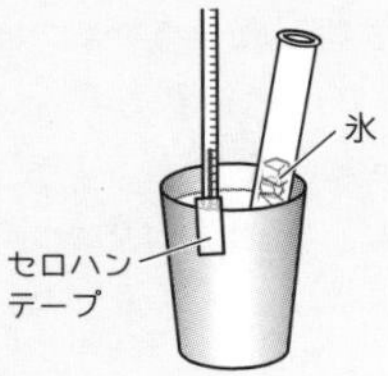

① コップの水が16℃になったとき，コップの表面がくもりはじめた。露点《ろてん》は何℃か。

② この部屋の湿度を求める式は，次のア，イのどちらか。ただし，飽和《ほうわ》水蒸気量は25℃で $23.1 g/m^3$，16℃で $13.6 g/m^3$ である。

ア $\dfrac{13.6}{23.1} \times 100$

イ $\dfrac{23.1}{13.6} \times 100$

解答

1 露点

2 飽和水蒸気量

3 湿度

4 a 水蒸気
b 飽和水蒸気量

5 ① 16℃
② ア
露点のときの飽和水蒸気量が，冷やす前の空気 $1 m^3$ にふくまれる水蒸気量になる。

ぷちトク！ 露点と飽和水蒸気量の関係

① 同じ気温のとき→$1 m^3$ の空気にふくまれる水蒸気量が多いほど，露点は高い。

② 同じ湿度のとき→気温が高いほど，露点は高い。

③ $1 m^3$ の空気にふくまれる水蒸気量が同じとき→露点は同じ。

地球

29 雲のできかた

重要度

雲のでき方の実験

解答

★ □ **1** 下の図のように，フラスコの内部をぬるま湯でぬらし，線香《せんこう》のけむりを入れて，ピストンを急に引いたり，押《お》したりした。

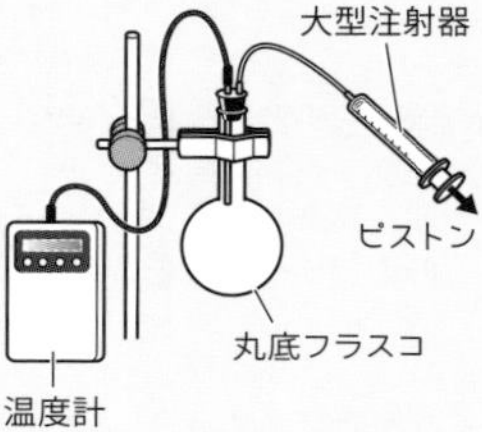

① フラスコの内部が白くくもるのは，ピストンを引いたときか，押したときか。

② ①のとき，フラスコ内の空気が(　a　)して，温度が下がった。このとき，空気が(　b　)以下になり，フラスコ内の水蒸気が水滴《すいてき》に変わったため，白くくもった。

1 ① 引いたとき
② a 膨張
b 露点《ろてん》
フラスコの内部をぬらすことで，水蒸気を多くふくむ空気になる。また，線香のけむりの粒子は，水蒸気が水滴に変わるときの凝結核《ぎょうけつかく》となる。

雲ができるとき

★ □ **2** 雲ができるのは，空気が上昇《じょうしょう》するときか，下降するときか。

2 上昇するとき

□ **3** 同じ地点の地上と上空で，気圧が低いのはどちらか。

3 上空

□ **4** 気圧が低くなると，空気の体積はどうなるか。

4 大きくなる［膨張する］

□ **5** 空気が膨張《ぼうちょう》すると，その空気の温度はどうなるか。

5 下がる［低くなる］

ぷちトク！ 上昇気流による雲のでき方

① 地面があたためられ，地面の熱であたためられた空気が上昇する。
② 空気が山の斜面《しゃめん》に沿《そ》って上昇する。
③ 寒気が暖気を押し上げる。暖気が寒気の上にはい上がる。

地球

30 気圧と風

重要度

高気圧と低気圧

□ **1** 気圧の分布のようすを何というか。

□ **2** 天気図上の気圧が等しいところをなめらかに結んだ曲線を何というか。

□ **3** **2**が閉じていて，まわりよりも気圧が高くなっているところを何というか。

★□ **4** 下の図は日本付近の天気図である。

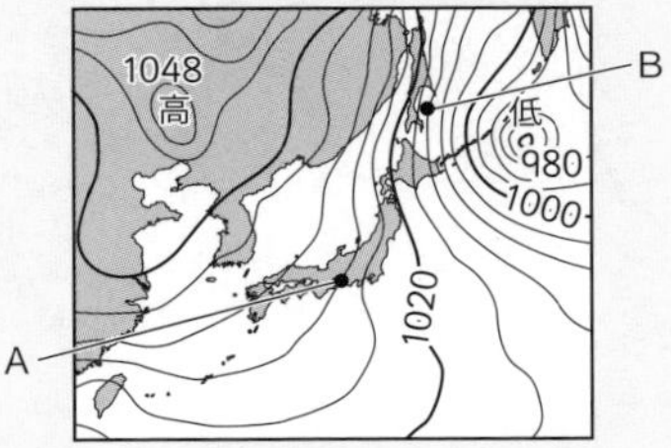

① Aの気圧は何hPaか。

② A，Bのうち，風が強くふいているのはどちらか。

解答

1 気圧配置

2 等圧線

3 高気圧

4 ① 1028hPa
等圧線は4hPaごとに細い実線で結び，20hPaごとに太線にする。

② B
等圧線の間隔《かんかく》がせまいほど，風が強くふく。

風のふき方

□ **5** 風は気圧が（　a　）いところから（　b　）いところに向かってふく。

★□ **6** 中心付近で上昇《じょうしょう》気流が生じるのは，高気圧か，低気圧か。

□ **7** 北半球の地表付近で時計回りにふき出すような風がふくのは，高気圧か，低気圧か。

解答

5 a 高
b 低

6 低気圧
上昇気流では，雲ができやすい。

7 高気圧

ぷちトク！ 気圧と風のポイント

① 北半球での高気圧での風のふき方…中心から時計回りにふき出す。

② 北半球での低気圧での風のふき方…中心に向かって反時計回りにふきこむ。

③ 風のふき方…高気圧→低気圧

地球

31 気団と前線

重要度

気団と前線のようす

解答

□ **1** 気温や湿度《しつど》がほぼ同じで一様な空気のかたまりを何というか。

1 気団

□ **2** 性質の異なる**1**の境界面のことを何というか。

2 前線面

□ **3** **2**が地表面と接しているところを何というか。

3 前線

前線の種類

★ □ **4** 右の図は，低気圧にともなう２つの前線を表している。

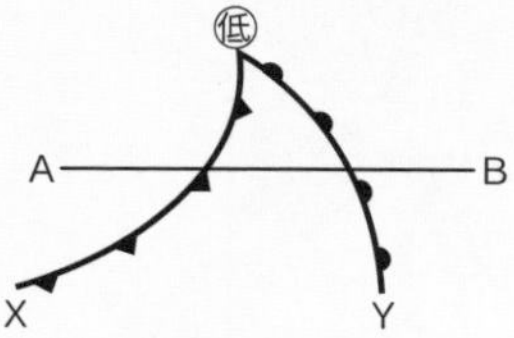

① X，Yの前線を何というか。

② A－Bの線での断面を模式的に表したものは，次のア，イのうち，どちらか。

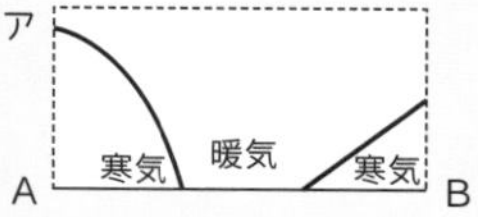

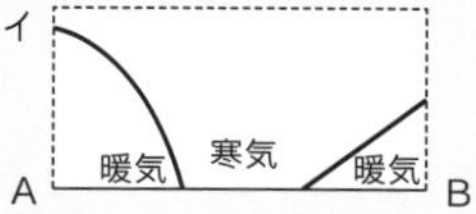

③ XがYに追いついてできる前線を何というか。

④ ③の前線の記号をかけ。

4 ① X 寒冷前線
Y 温暖前線
② ア
③ 閉そく前線
Xの前線は，Yの前線より進み方が速いことが多い。
④ 

□ **5** 寒気と暖気の勢力がほぼ同じで，前線の位置がほとんど変わらない前線を何というか。

5 停滞《ていたい》前線

□ **6** **5**の前線の記号をかけ。

6 

ぷちトク！ 閉そく前線のでき方

① 低気圧の西側に寒冷前線（速い），東側に温暖前線（遅い）ができることが多い。
② 温暖前線に寒冷前線が追いつき，閉そく前線ができる。
③ 閉そく前線ができると，地表は寒気でおおわれ，低気圧は消えることが多い。

地球

32 前線の通過と天気の変化

重要度

前線をともなう低気圧

解答

□ **1** 中緯度帯《ちゅういどたい》でできる，前線をともなう低気圧を何というか。

1 温帯低気圧

★ □ **2** **1**の低気圧は（　a　）から（　b　）へ進みながら発達する。

2 a 西
b 東

寒冷前線の通過と天気の変化

★ □ **3** 寒冷前線の通過時には，（　a　）い雨が（　b　）時間降ることが多い。

3 a 強
b 短（い）

□ **4** 寒冷前線付近で生じる雲は，ア～ウのどれか。
ア　乱層雲　イ　積乱雲　ウ　高層雲

4 イ
暖気が急激に押《お》し上げられて強い上昇《じょうしょう》気流が生じる。

□ **5** 寒冷前線の通過後，気温は（　a　），風向は（　b　）寄りになる。

5 a 下がり
b 北

温暖前線の通過と天気の変化

□ **6** 温暖前線の通過時には，（　a　）い雨が（　b　）時間降ることが多い。

6 a 弱
b 長（い）

□ **7** 温暖前線付近で生じる雲は，ア～ウのどれか。
ア　乱層雲　イ　積乱雲　ウ　積雲

7 ア
暖気がゆるやかに上昇して雲が生じる。

□ **8** 温暖前線の通過後，気温は（　a　），風向は（　b　）寄りになる。

8 a 上がり
b 南

ぷちトク！　寒冷前線と温暖前線

① 寒冷前線は前線面の傾《かたむ》きが急，温暖前線は前線面の傾きがゆるやか。
② 寒冷前線→狭い範囲《はんい》に強い雨が短い時間降る。積乱雲。
③ 温暖前線→広い範囲に弱い雨が長い時間降る。乱層雲。

地球

33 大気の動きと天気

重要度

地球規模での風の動き

解答

★ □ 1 中緯度帯《ちゅういどたい》上空で西から東に向かってふく風を何というか。

1 偏西風《へんせいふう》
1年中ふいている。

□ 2 1の影響《えいきょう》によって，日本付近の天気はどの方位からどの方位に変化していくことが多いか。

2 西から東

□ 3 日本付近で，春と秋によく見られる移動する高気圧を何というか。

3 移動性高気圧

季節風と海陸風

□ 4 季節によって特徴的《とくちょうてき》にふく風を何というか。

4 季節風
冬と夏に風向の異なる風がふく。

□ 5 陸と海のうち，あたたまりやすく冷めやすいのはどちらか。

5 陸

□ 6 日本付近で，冬に温度が大きく下がるのは大陸と海洋のどちらか。

6 大陸

□ 7 日本付近で，冬にふく4の風向を書きなさい。

7 北西
大陸側から冷たい風がふく。

★ □ 8 次のア，イのうち，陸風はどちらか。

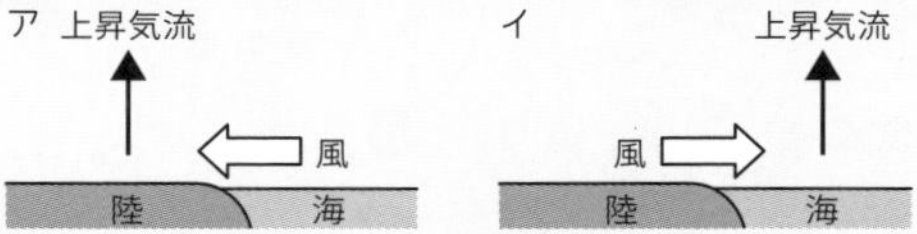

8 イ

□ 9 海岸に近い地域にふく陸風と海風のうち，晴れた日の昼にふくのはどちらか。

9 海風

ぷちトク！ 季節風と海陸風の共通点

① 海風…陸があたたまる→海(高圧部)から陸(低圧部)へ風がふく。

② 陸風…陸が冷える→陸(高圧部)から海(低圧部)へ風がふく。

③ 海風は夏の季節風(南東)と同じしくみ。陸風は冬の季節風(北西)と同じしくみ。

34 日本の天気①

重要度

日本付近の気団

☐ **1** 右の図で，A～Cの気団を何というか。

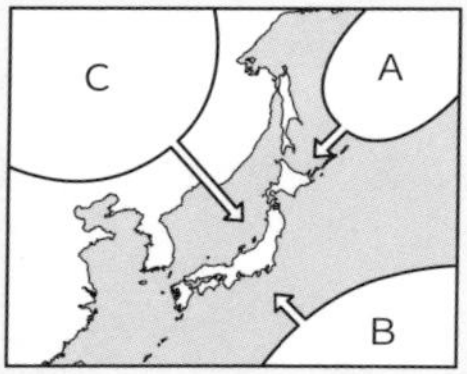

☐ **2** 右の図のA，Bの気団の特徴を次のア～ウから選べ。

ア　温暖・湿潤《しつじゅん》　　イ　寒冷・湿潤

ウ　寒冷・乾燥《かんそう》

冬の天気

☐ **3** 冬に日本の北西の大陸で発達する気団を何というか。

☐ **4** 日本の冬には，（　a　）側で大雪が降り，（　b　）側では乾燥した晴れの天気が続くことが多い。

☐ **5** 日本付近の冬型の気圧配置を何というか。

春とつゆの天気

☐ **6** 春に西から東に向かって移動する高気圧を何というか。

☐ **7** **6**の移動に影響《えいきょう》をあたえている，日本上空にふく風を何というか。

☐ **8** つゆの時期に，日本列島を横断するようにできる前線を何というか。

解答

1 A オホーツク海気団
B 小笠原《おがさわら》気団
C シベリア気団

2 A イ
B ア

3 シベリア気団

4 a 日本海
b 太平洋

5 西高東低
等圧線が南北に密にはしる。

6 移動性高気圧
春は天気が周期的に変化。

7 偏西風《へんせいふう》
西から東にふく。

8 梅雨《ばいう》前線

ぷちトク！ 冬の季節風と天気

① 冷たく乾《かわ》いた風が日本海上で水蒸気をふくむ。
② 日本列島にぶつかって雪を降らせる。
③ 水蒸気を失った乾いた風がふき下ろす。

地球

35 日本の天気②

重要度

夏の天気

解答

★ □ **1** 夏に太平洋上で発達する高気圧を何というか。

1 太平洋高気圧［小笠原《おがさわら》高気圧］

□ **2** 日本付近の気団のうち，夏に勢力が強くなる気団を何というか。

2 小笠原気団

□ **3** 夏に特徴的《とくちょうてき》な季節風はどの方位からふくか。

3 南東

□ **4** 夏の強い日差しによって上昇《じょうしょう》気流が生じることで発達し，雷雨をもたらすことがある雲は何か。

4 積乱雲［かみなり雲］
垂直に発達する雲で，雷や大雨をもたらす。

台風と秋の天気

★ □ **5** 熱帯低気圧のうち，最大風速が約17.2m/s以上になったものを(　　　)という。

5 台風

□ **6** 台風ができる場所は，南の海上と陸上のどちらか。

6 海上

□ **7** 右の図のAを何というか。

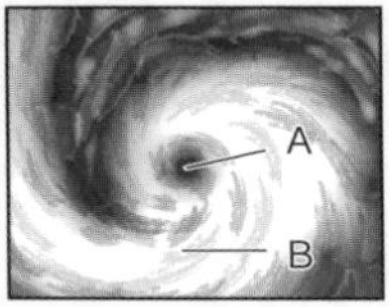

7 (台風の)目
台風の中心には，下降気流が生じて雲がほとんどない部分がある。

□ **8** 右の図のBでは(　a　)気流が生じており，(　b　)雲が発達している。

8 a 上昇
b 積乱

□ **9** 秋のはじめに日本付近にできる停滞《ていたい》前線を特に何というか。

9 秋雨前線

□ **10** **9**のころ，勢力がおとろえる高気圧は何か。

10 太平洋高気圧［小笠原高気圧］

ぷちトク！ 台風の進路

① 台風は，7月～10月の夏から秋にかけて日本列島に近づく。

② 夏から秋の台風の進路は，はじめ北西に向かい，偏西風《へんせいふう》の影響《えいきょう》を受けて北東に進路を変えたあと，日本列島に近づくというものが多い。

36 地球

天気の予測・気象の恵みと災害

重要度

天気の予測

解答

□ **1** 天気の予測をするときは，テレビやインターネットで気象の（　a　）を集め，高気圧や低気圧などの（　b　）から天気の変化を予測する。

1 a 情報［データ］
b 気圧配置

★ □ **2** 下の図のような天気図の場合，数時間後には，A地点を（　a　）前線が通過し，雨が降り，前線の通過後には気温は（　b　）と予想される。

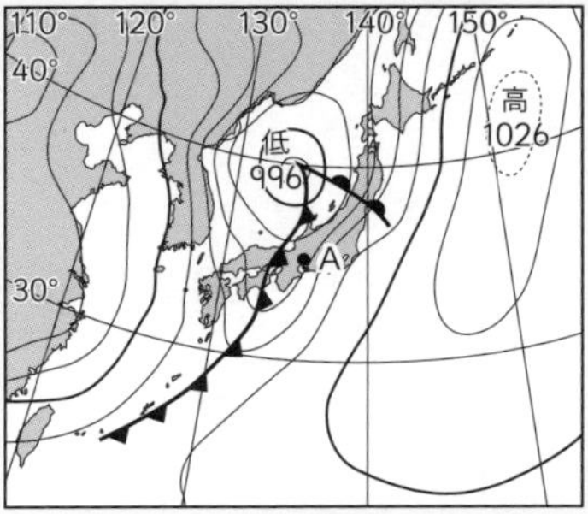

2 a 寒冷
b 下がる
偏西風《へんせいふう》の影響《えいきょう》により，温帯低気圧は西から東へ移動することが多い。

気象がもたらす恵みと災害

□ **3** 水資源を利用した発電方法は何か。

3 水力発電
ダムなどにためた水を利用して発電する。

□ **4** 台風などで海面が異常に上昇する現象を何というか。

4 高潮
気圧の低下や強風のふきよせによって海面が上昇する。

□ **5** 災害の発生が予想される範囲《はんい》や，避難《ひなん》経路をまとめた地図を何というか。

5 ハザードマップ

ぷちトク！ 気象現象がもたらす恵みと災害と備え

① 恵み→水資源(飲用，工業用，農業用など)，スキーなどのレジャー，水力発電など。
② 災害→台風などによる高潮，豪雨《ごうう》などによる洪水，土砂災害など。
③ 備え→ハザードマップの作成，河川の遊水地，ダムや堤防の設置など。

エネルギー

37 回路

重要度

回路と電気用図記号

解答

★ **1** 電流の流れる道筋が1本になっている回路を何というか。

1 直列回路

2 電流の流れる道筋が枝分かれしている回路を何というか。

2 並列回路

★ **3** 次の電気用図記号は何を表しているか。

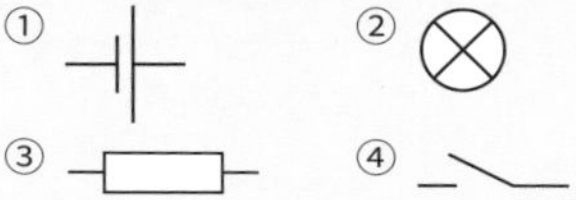

3 ① 電池［直流電源］
長いほうが＋極を示す。
② 電球［豆電球］
③ 抵抗器《ていこうき》［電熱線］
④ スイッチ

電流計と電圧計の使い方

4 電流計は，電流をはかりたいところに直列につなぐか，並列につなぐか。

4 直列につなぐ

5 電流計をつなぐとき，電源の＋極側の導線は，電流計の＋端子《たんし》につなぐか，－端子につなぐか。

5 ＋端子

6 電流の大きさがわからないとき，電流計の－端子は50mA，500mA，5Aのどれにつなぐか。

6 5A
最も大きい電流がはかれる－端子につなぐ。5Aの－端子は5Aまでの電流をはかれる。

7 電圧計は，電圧をはかりたいところに直列につなぐか，並列につなぐか。

7 並列につなぐ

8 電圧の大きさがわからないとき，電圧計の－端子は3V，15V，300Vのどれにつなぐか。

8 300V

ぷちトク！ 電流計・電圧計の目盛りの読み方

① 針のふれが小さいときは，－端子をつなぎかえて，値《あたい》を読みやすくする。
② つないだ－端子のそばに書かれた値は，針が目盛りいっぱいにふれたときの値。
③ 最小目盛りの$\frac{1}{10}$まで目分量で読みとる。

エネルギー

38 回路に流れる電流

重要度

直列回路に流れる電流

□ **1** 電流を表す単位は何か。

□ **2** **1**の単位の記号は何か。

□ **3** 右の図は，直列回路に電流を流したようすを回路図で表したものである。

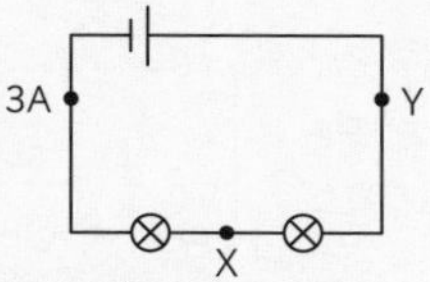

① Xを流れる電流の大きさは何Aか。
② Yを流れる電流の大きさは何Aか。

並列回路に流れる電流

★ □ **4** 右の図は並列回路に電流を流したようすを回路図で表したものである。

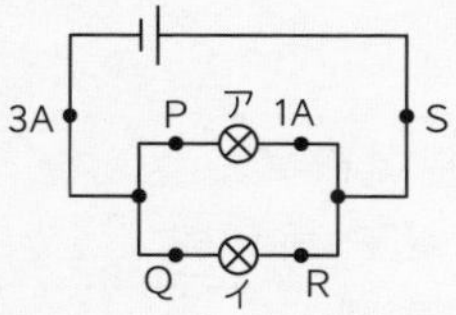

① Pを流れる電流の大きさは何Aか。
② Qを流れる電流の大きさは何Aか。
③ Rを流れる電流の大きさは何Aか。
④ Sを流れる電流の大きさは何Aか。
⑤ ア，イの豆電球は，どちらのほうが明るいか。

□ **5** 回路のどの点でも電流の大きさが等しいのは，直列回路か，並列回路か。

解答

1 アンペア［ミリアンペア］

2 A［mA］

3 ① 3A
② 3A
直列回路では，回路のどの点でも流れる電流の大きさは等しい。

4 ① 1A
② 2A
③ 2A
④ 3A
並列回路では，枝分かれする前の電流の大きさは，枝分かれしたあとの電流の大きさの和に等しい。
⑤ イ
豆電球は，流れる電流が大きいほど，明るい。

5 直列回路

ぷちトク！ 直列回路と並列回路を流れる電流

① 直列回路→電流の大きさはどこも同じ。
A = B = C

② 並列回路→A = B + C = D

①
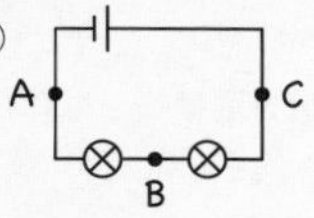

②
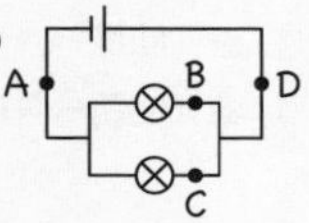

エネルギー

39 回路に加わる電圧

重要度

直列回路に加わる電圧

□ **1** 電圧を表す単位は何か。

□ **2** **1**の単位の記号は何か。

□ **3** 右の図は，直列回路に電圧を加えたようすを回路図で表したものである。

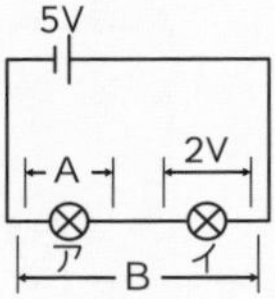

① Aに加わる電圧の大きさは何Vか。

② Bに加わる電圧の大きさは何Vか。

③ ア，イの豆電球は，どちらのほうが明るいか。

並列回路に加わる電圧

★ □ **4** 右の図は，並列回路に電圧を加えたようすを回路図で表したものである。

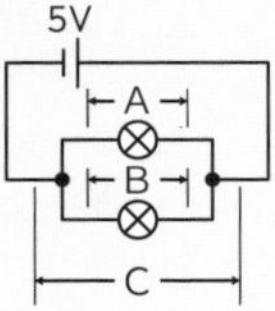

① Aに加わる電圧の大きさは何Vか。

② Bに加わる電圧の大きさは何Vか。

③ Cに加わる電圧の大きさは何Vか。

□ **5** 同じ豆電球を2個つないで電圧を加えたとき，各豆電球に加わる電圧の大きさが電源の電圧に等しいのは，直列回路か，並列回路か。

解答

1 ボルト
電流を流そうとするはたらきを電圧という。

2 V

3 ① 3V
② 5V
③ ア
直列回路では，豆電球に加わる電圧が大きいほど，明るい。

4 ① 5V
② 5V
③ 5V

5 並列回路

ぷちトク！ 直列回路と並列回路に加わる電圧

① 直列回路→A＝B＋C＝D

② 並列回路→電圧の大きさはどこも同じ。
A＝B＝C＝D

①

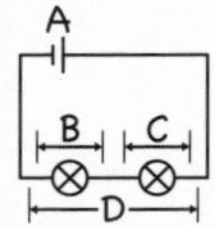

②

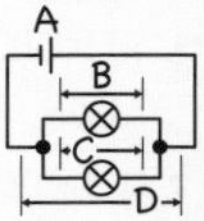

40 オームの法則

重要度

オームの法則と抵抗

□ **1** 抵抗《ていこう》器《き》を流れる電流は，抵抗器に加わる電圧に(　　　)する。

★ □ **2** **1**のような関係を何の法則というか。

□ **3** 電流の流れにくさのことを何というか。

□ **4** **3**を表す単位は何か。

★ □ **5** (　a　)〔V〕＝(　b　)〔Ω〕×電流〔A〕

□ **6** 図1のA，Bの抵抗は何Ωか。

□ **7** 図1の回路全体の抵抗は何Ωか。

図1

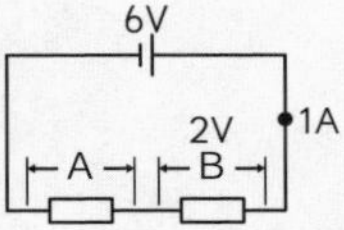

□ **8** 図2のA，Bの抵抗は何Ωか。

□ **9** 図2の回路全体の抵抗は何Ωか。

図2

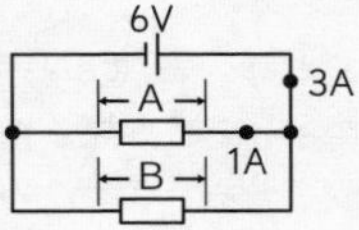

導体と不導体

★ □ **10** 電気抵抗が小さく，電流が流れやすい物質を何というか。

□ **11** 電気抵抗が大きく，電流が流れにくい物質を何というか。

解答

1 比例

2 オームの法則

3 (電気)抵抗

4 オーム［Ω］

5 a 電圧
b 抵抗

6 A 4Ω
B 2Ω

7 6Ω
全体の抵抗は各抵抗の和。

8 A 6Ω
B 3Ω

9 2Ω
抵抗＝電圧÷電流

10 導体
金属など。

11 不導体［絶縁体］
ガラスやゴムなど。

ぷちトク！ 直列回路と並列回路の回路全体の抵抗

① 直列回路→$R = R_1 + R_2$

② 並列回路→$\frac{1}{R} = \frac{1}{R_1} + \frac{1}{R_2}$

①

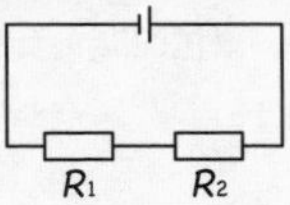

②

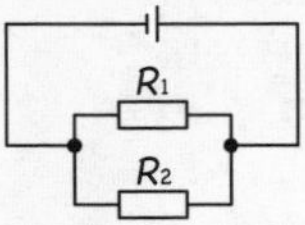

エネルギー

41 電流による発熱

重要度

電力

解答

□ **1** 1秒間あたりに使われる電気エネルギーの大きさを何というか。

1 電力［消費電力］

□ **2** **1**の単位は何か。

2 ワット［W］

★ □ **3** 電力＝(　　　)×電流

3 電圧

□ **4** 5Vの電圧を加えると，3Aの電流が流れた。このときの電力を求めなさい。

4 15W

熱量と電力量

□ **5** 熱量の単位は何か。

5 ジュール［J］

□ **6** 電流によって発生する熱量＝(　　　)×時間

6 電力

□ **7** 水に入れた電熱線に電流を流して，水の上昇《じょうしょう》温度を調べた。

① 電熱線の電力が同じとき，電流を流す時間が長いほど水の上昇温度はどうなるか。

② 電流を流す時間が同じとき，電力が大きくなるほど水の上昇温度はどうなるか。

7 ① 大きくなる

② 大きくなる

水の上昇温度は，電流を流す時間と，電力のそれぞれに比例する。

□ **8** 一定時間に使われた電気エネルギーの総量を何というか。

8 電力量

★ □ **9** 電力量〔J〕＝電力〔W〕×(　　　)

9 時間〔s〕

□ **10** 50Wの電力の電気器具を10秒間使ったときの電力量を求めなさい。

10 500J

ぷちトク！ 電力，熱量，電力量の公式

① 電力〔W〕＝電圧〔V〕×電流〔A〕→**単位時間あたりの電気エネルギー**

② 熱量〔J〕＝電力量〔J〕＝電力〔W〕×時間〔s〕→**1秒間あたりに使われる電気エネルギーの総量**

42 電流の正体

重要度

静電気

★ □ **1** 異なる物体をこすり合わせたときに，物体にたまる電気を何というか。

□ **2** **1**が起こるときに移動するのは－の電気，＋の電気のどちらか。

□ **3** ＋の電気と引き合う電気は何か。

□ **4** ＋の電気としりぞけ合う電気は何か。

電流と電子

□ **5** 右の図のように，クルックス管の中に光の筋が見えたとき，－極になっているのはA，Bのどちらか。

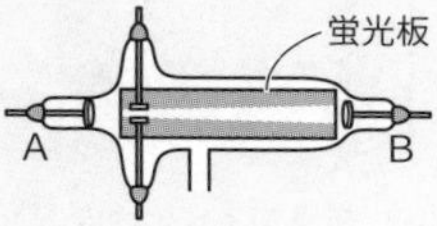

★ □ **6** クルックス管に大きな電圧を加えたときに，蛍光板を発光させるものを何というか。

□ **7** **6**は何という粒子《りゅうし》の流れか。

□ **8** **7**は－，＋のどちらの電気を帯びているか。

□ **9** 気圧を小さくした空間に，高い電圧を加えたとき，空間を電流が流れる現象を何というか。

□ **10** 電流が流れる向きと電子が流れる向きの関係はどうなっているか。

解答

1 静電気

2 －の電気

3 －の電気

4 ＋の電気

5 A
光の筋は，－極から＋極に向かって進む。

6 陰極線《いんきょくせん》［電子線］

7 電子

8 －（の電気）

9 真空放電

10 反対になっている

ぷちトク！ 電子線の性質

① 陰極線→電子の流れ。
② 電子は「－」の電気をもつ。→＋極に引き寄せられる。
③ X，Yに電圧を加える。→陰極線はXのほうに曲がる。

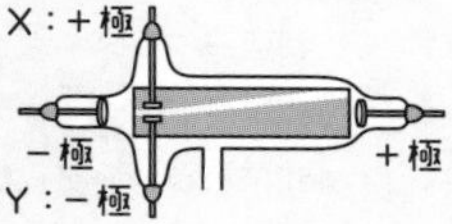

エネルギー

43 放射線

重要度

放射線とその種類

解答

★ □ **1** 放射線を出す物質を何というか。

□ **2** **1**が放射線を出す能力を何というか。

□ **3** 放射線のうち，レントゲン撮影《さつえい》に利用されているものを何というか。

□ **4** 下の図は，放射線の種類によって，物質を通り抜ける性質がちがっていることを示している。

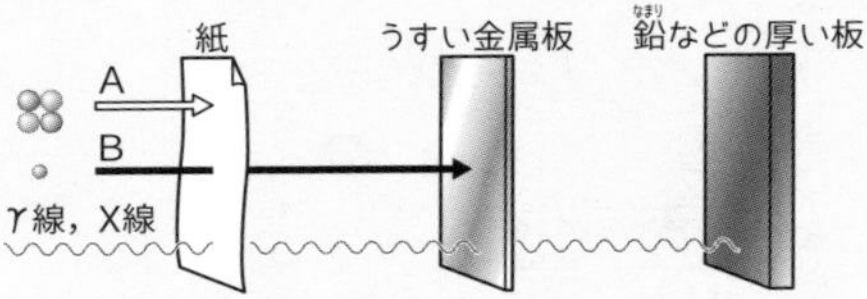

① 紙でさえぎることができるAの放射線を何というか。

② うすい金属板でさえぎることができるBの放射線を何というか。

1 放射性物質

2 放射能

3 X線

4 ① α 線
② β 線

放射線の性質

□ **5** 放射線には，物質を通り抜ける性質である(　　　)性があり，目には見えず，原子の構造を変える性質がある。

□ **6** 生物が放射線を浴びることを何というか。

□ **7** 放射線が人体に与える影響《えいきょう》を表すときの放射線の量の単位Svを何と読むか。

5 透過《とうか》

6 被ばく

7 シーベルト

ぷちトク！ 放射線の利用

① 工業利用→プラスチックやゴムの耐久性《たいきゅうせい》向上，非破壊《ひはかい》検査，手荷物検査など。

② 農業利用→ジャガイモの発芽防止，品種改良，害虫駆除《くじょ》など。

③ 医療《いりょう》利用→レントゲン撮影，がん治療，医療器具の滅菌《めっきん》など。

エネルギー

44 電流と磁界

重要度

磁力線の性質

解答

★ □ 1 磁力のはたらく空間を何というか。

1 磁界［磁場］

□ 2 1で方位磁針のN極がさす向きを何というか。

2 磁界の向き

□ 3 2や磁界の強さを表す曲線を何というか。

3 磁力線

□ 4 3は磁石の（　a　）極から出て，（　b　）極に入る。

4 a N
b S

□ 5 3の間隔《かんかく》がせまいほど，磁界の強さは強くなるか，弱くなるか。

5 強くなる

電流がつくり出す磁界

□ 6 右の図のように，まっすぐな導線に電流を流すと，A，Bどちらの向きに磁界ができるか。

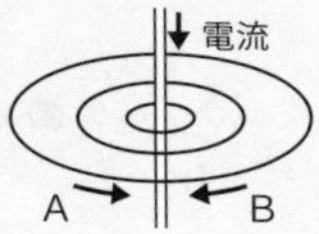

6 B
右ねじを回す向きと，右ねじが進む向きをもとに考える。

□ 7 電流の向きを逆にすると，電流がつくり出す磁界の向きは（　　　）になる。

7 逆［反対］

□ 8 右の図のように，コイルに電流を流すと，A，Bどちらの向きに磁界ができるか。

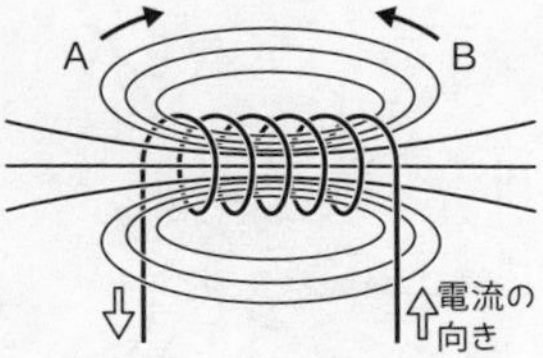

8 A
右手の4本の指の向きと，親指の向きをもとに考える。

□ 9 コイルに流れる電流がつくる磁界は，電流が大きいほど強くなるか，弱くなるか。

9 強くなる

ぷちトク！ 電流がつくり出す磁界の向きを知るポイント

① まっすぐな導線→電流の向きを右ねじが進む向きとすると，磁界の向きは右ねじを回す向き。

② コイル→電流の向きを右手の4本の指の向きとすると，磁界の向きは親指の向き。

エネルギー

45 電流が磁界から受ける力

重要度

電流は磁界から力を受ける

★□ **1** 右の図のように，コイルに電流を流すと，コイルがAの向きに動いた。

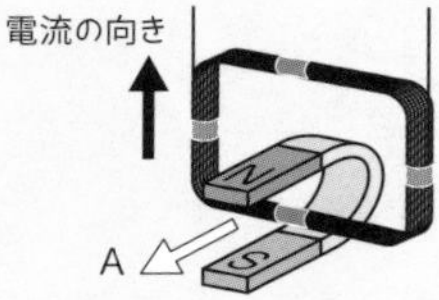

① 電流の向きを逆にすると，コイルが動く向きはAと同じになるか，Aと逆になるか。

② 磁石の極を入れかえると，コイルが動く向きはAと同じになるか，Aと逆になるか。

③ 電流の向きを逆にし，磁石の極を入れかえると，コイルが動く向きはAと同じになるか，逆になるか。

④ 電流を大きくすると，コイルの動く大きさは，Aと比べてどうなるか。

解答

1 ① 逆になる
② 逆になる
③ 同じになる
④ 大きくなる
磁界の中でコイルに電流が流れると，電流に力がはたらき，コイルが動く。

モーターのしくみ

□ **2** 右の図のような装置は，同じ向きに回転し続けるか，半回転ごとに向きが変わるか。

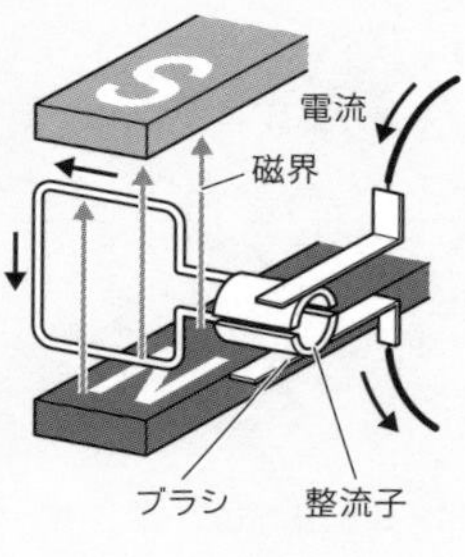

□ **3** 電流が磁界から受ける力を利用した**2**のような装置を何というか。

2 同じ向きに回転し続ける
整流子とブラシによって，電流の向きを切りかえている。

3 モーター［電動機］

ぷちトク！ 電流が磁界から受ける力の向きのきまり

① 電流だけを逆にする→電流が磁界から受ける力の向きは逆になる。
② 磁界の向き(S極とN極)だけを逆にする→電流が磁界から受ける力の向きは逆になる。
③ 電流と磁界の向きの両方を逆にする→電流が磁界から受ける力の向きは変わらない。

エネルギー

46 電磁誘導

重要度

電磁誘導と誘導電流

★ □ **1** 右の図の，棒磁石のN極をすばやくコイルに近づけると，コイルに電圧が生じ，検流計の針が左にふれた。

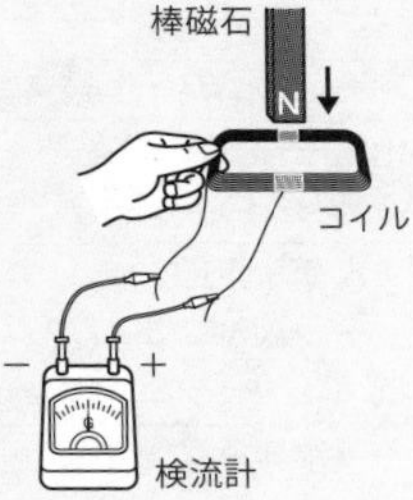

① このように，磁界を変化させることで電流が生じる現象を何というか。
② このとき流れる電流を何というか。
③ 磁石を速く動かすと，検流計の針のふれ方は図のときと比べてどうなるか。
④ 磁石のN極をコイルの上側から遠ざけると，検流計の針はどちらにふれるか。
⑤ 磁石のS極をコイルの上側に近づけると，検流計の針はどちらにふれるか。

直流と交流

□ **2** 電流の流れる向きが一定の電流を何というか。

□ **3** 電流の流れる向きが周期的に変わる電流を何というか。

□ **4** **3**の電流の向きの変化が1秒間にくり返す回数を何というか。

解答

1 ① 電磁誘導
発電機はこの現象を利用している。
② 誘導電流
③ 大きくなる
磁界の変化が大きくなる。
④ 右にふれる
⑤ 右にふれる

2 直流
乾電池《かんでんち》から流れる電流。

3 交流
コンセントから流れる電流。

4 周波数
単位はヘルツ(Hz)。

ぷちトク！ 誘導電流の向き

① 磁界の向き(N極とS極)を逆にする→誘導《ゆうどう》電流の向きは逆になる。
② 磁石を動かす向き(近づける，遠ざける)を逆にする→誘導電流の向きは逆になる。
③ 磁石やコイルを動かさない(磁界が変化しない)→誘導電流は発生しない。

ぷち まとめ

大事な事項の確認

化学反応式

化学変化	化学反応式
酸化銀の熱分解	酸化銀 ⟶ 銀＋酸素 $2Ag_2O \longrightarrow 4Ag + O_2$
炭酸水素ナトリウムの熱分解	炭酸水素ナトリウム ⟶ 炭酸ナトリウム＋二酸化炭素＋水 $2NaHCO_3 \longrightarrow Na_2CO_3 + CO_2 + H_2O$
水の電気分解	水 ⟶ 水素＋酸素 $2H_2O \longrightarrow 2H_2 + O_2$
銅の酸化	銅＋酸素 ⟶ 酸化銅 $2Cu + O_2 \longrightarrow 2CuO$
酸化銅の還元《かんげん》	酸化銅＋炭素 ⟶ 銅＋二酸化炭素 $2CuO + C \longrightarrow 2Cu + CO_2$

消化液（消化酵素《こうそ》）と栄養分（○ははたらいていることを表す）

	デンプン	タンパク質	脂肪
だ液（アミラーゼ）	○		
胃液（ペプシン）		○	
胆汁（消化酵素はふくまない）			○
すい液（アミラーゼ，トリプシン，リパーゼ）	○	○	○
小腸（小腸の壁《かべ》の消化酵素）	○	○	
	↓	↓	↓
	ブドウ糖	アミノ酸	脂肪酸とモノグリセリド

天気記号

天気	記号
快晴（雲量0～1）	○
晴れ（雲量2～8）	⦶
くもり（雲量9～10）	◎
雨	●

電流の性質の式

電圧〔V〕＝抵抗〔Ω〕×電流〔A〕

電力〔W〕＝電圧〔V〕×電流〔A〕

熱量〔J〕＝電力〔W〕×時間〔s〕

電力量〔J〕＝電力〔W〕×時間〔s〕

MATHEMATICS

数学

1 式の加法・減法

重要度

単項式と多項式

□ **1** 次の式を単項式《たんこうしき》と多項式《たこうしき》に分けなさい。

$4x+9$，$-a^2$，$3xy$，x^2+y^2

□ **2** 次の多項式の項《こう》を答えなさい。

$-a^2+3a+8$

□ **3** 次の多項式の次数《じすう》を答えなさい。

$4x^2yz^3$

★ □ **4** 次の式は何次式か答えなさい。

$x^2y-3x^2y^2+5x$

多項式の計算

次の計算をしなさい。

□ **5** $-4x-9x$

□ **6** $3x^2+10x-2x^2-4x$

□ **7** $(2x+y)+(3x-8y)$

★ □ **8** $(-x-7y)+(-2x+3y)$

★ □ **9** $(11x-2y)-(6x+4y)$

□ **10** $-6x-y-(3x-2y)$

□ **11** $(4x-x^2)-(5x-7x^2)$

□ **12** 次の2つの式の和と，左の式から右の式をひいた差を求めなさい。

$4a+2b-3c$，$-5a-4b+2c$

解答

1 単項式 $-a^2$，$3xy$
多項式 $4x+9$，x^2+y^2

2 $-a^2$，$3a$，8

3 6

4 4次式
各項の次数で最大のもの。

5 $-13x$

6 x^2+6x

7 $5x-7y$

8 $-3x-4y$

9 $5x-6y$

10 $-9x+y$

11 $6x^2-x$

12 和 $-a-2b-c$
差 $9a+6b-5c$

ぷちトク！ かっこの外し方

① 多項式の加法→＋(　　)は，そのままかっこを外す。

② 多項式の減法→−(　　)は，かっこ内の各項の符号《ふごう》をかえてかっこを外す。

2 単項式と多項式の計算

重要度

単項式と多項式の計算

次の計算をしなさい。

- □ **1** $7(2a-3b)$
- □ **2** $(8x+2y)\div 2$
- ★ □ **3** $3(a-2b)+5(2a+b)$
- □ **4** $4(x+3y)-3(4x-y+2)$
- ★ □ **5** $\frac{1}{2}(3a-b)+\frac{1}{4}(a+5b)$
- ★ □ **6** $\frac{4x+y}{3}-\frac{x-3y}{2}$
- □ **7** $7x\times(-2y)$
- □ **8** $(-3a)^2\times 2b$
- □ **9** $9xy\div(-3y)$
- □ **10** $8x^2\div\frac{4}{3}x$
- ★ □ **11** $3a^2\div 6ab\times(-4b)$
- □ **12** $18xy^2\div(-2x)\div(-3y)$

式の値

★ □ **13** $x=-3$，$y=\frac{1}{2}$のとき，次の式の値《あたい》を求めなさい。

① $(3x+2y)-2(2x-y)$

② $\frac{1}{3}y\times(-6x^2y)\div\frac{1}{2}x$

解答

1 $14a-21b$

2 $4x+y$

3 $13a-b$

4 $-8x+15y-6$

5 $\frac{7}{4}a+\frac{3}{4}b$ $\left[\frac{7a+3b}{4}\right]$

6 $\frac{5x+11y}{6}$ $\left[\frac{5}{6}x+\frac{11}{6}y\right]$

7 $-14xy$

8 $18a^2b$

9 $-3x$

10 $6x$

11 $-2a$

12 $3y$

13 ① 5
② 3

ぷちトク！ 単項式の乗法と式の値

① 単項式《たんこうしき》の乗法では，係数の積に文字の積をかける。

② 式の値を求めるときは，式を簡単にしてから数を代入する。

3 文字式の利用

重要度

式による説明

□にあてはまる式を答えなさい。

★ □ **1** 一の位が0でない2けたの整数Aがある。整数Aの十の位の数と一の位の数を入れかえた整数をBとするとき，$A-B$は9の倍数になることを説明しなさい。

［説明］整数Aの十の位の数をa，一の位の数をbとすると，$A=$ ① ，$B=$ ② と表せるので，

(①) − (②) = ③ = 9(④)

④ は整数であるから，9(④)は9の倍数である。よって，$A-B$は9の倍数になる。

等式の変形

次の等式を［　］内の文字について解《と》きなさい。

□ **2** $a=bc$ ［b］

□ **3** $x+y=2$ ［y］

□ **4** $4x-3y=15$ ［y］

★ □ **5** $m=6(a+b)$ ［a］

★ □ **6** $y=\dfrac{x-7}{5}$ ［x］

□ **7** $c=\dfrac{1}{3}ab$ ［a］

□ **8** $V=\pi r^2h$ ［h］

解答

1 ① $10a+b$

② $10b+a$

③ $9a-9b$

④ $a-b$

Bは，十の位の数がb，一の位の数がaになる。

2 $b=\dfrac{a}{c}$

3 $y=-x+2$

4 $y=\dfrac{4x-15}{3}$ $\left[y=\dfrac{4}{3}x-5\right]$

5 $a=\dfrac{m}{6}-b$ $\left[a=\dfrac{m-6b}{6}\right]$

6 $x=5y+7$

7 $a=\dfrac{3c}{b}$

8 $h=\dfrac{V}{\pi r^2}$

ぷちトク！ 整数の表し方

① m，nを整数とすると，偶数《ぐうすう》は$2m$，奇数《きすう》は$2n+1$と表される。

② 十の位の数をx，一の位の数をyとすると，2けたの整数は$10x+y$と表される。

4 連立方程式

重要度

加減法

次の連立方程式《れんりつほうていしき》を解《と》きなさい。

□ **1** $\begin{cases} x-2y=10 \\ 3x+2y=6 \end{cases}$

□ **2** $\begin{cases} 7x+3y=5 \\ 2x+y=2 \end{cases}$

★ □ **3** $\begin{cases} -3x+2y=12 \\ 6x+5y=3 \end{cases}$

★ □ **4** $\begin{cases} 3x-4y=10 \\ 4x+3y=5 \end{cases}$

□ **5** $\begin{cases} -6x-5y=10 \\ 4x+9y=16 \end{cases}$

代入法

次の連立方程式を解きなさい。

□ **6** $\begin{cases} 5x-6y=9 \\ y=x-3 \end{cases}$

★ □ **7** $\begin{cases} 3x+2y=7 \\ y=-2x+6 \end{cases}$

□ **8** $\begin{cases} x=3y+7 \\ 4x-5y=7 \end{cases}$

□ **9** $\begin{cases} 2x+5y=1 \\ x+3y=0 \end{cases}$

解答

1 $x=4$, $y=-3$
(上の式)+(下の式)

2 $x=-1$, $y=4$
下の式を3倍する。

3 $x=-2$, $y=3$

4 $x=2$, $y=-1$

5 $x=-5$, $y=4$
上の式を2倍，下の式を3倍する。

6 $x=9$, $y=6$
下の式を上の式に代入する。

7 $x=5$, $y=-4$

8 $x=-2$, $y=-3$

9 $x=3$, $y=-1$

ぷちトク！ 加減法，代入法の判断

式の形を見て，加減法《かげんほう》，代入法《だいにゅうほう》のどちらがよいか判断する。
$x=$〜，$y=$〜の形の式があるときは代入法，それ以外のときは加減法で解くとよい。

5 いろいろな連立方程式

重要度

かっこ，分数，小数がある連立方程式

次の連立方程式《れんりつほうていしき》を解《と》きなさい。

□ **1** $\begin{cases} 3x-5=2(y+1) \\ 5(x-2)=3y+1 \end{cases}$

★ □ **2** $\begin{cases} 2(x+y)-(x-y)=-12 \\ 8(x+y)+3(x-y)=8 \end{cases}$

□ **3** $\begin{cases} \dfrac{2}{3}x+\dfrac{1}{2}y=3 \\ x-3y=-3 \end{cases}$

★ □ **4** $\begin{cases} \dfrac{x+2}{3}-\dfrac{y-1}{4}=-2 \\ 4x+5y=5 \end{cases}$

★ □ **5** $\begin{cases} 0.5x-1.4y=8 \\ -x+2y=-12 \end{cases}$

□ **6** $\begin{cases} 5x+0.6y=-3.2 \\ 0.2x-0.3y=-1.1 \end{cases}$

□ **7** $\begin{cases} 0.12x+0.5y=-0.26 \\ -3x+2y=-8 \end{cases}$

A＝B＝Cの連立方程式

次の方程式を解きなさい。

□ **8** $4x+3y=3x+y=5$

★ □ **9** $3x+2y=4x+3y-2=1$

解答

1 $x=1$，$y=-2$
まずは，かっこをはずす。

2 $x=3$，$y=-5$

3 $x=3$，$y=2$
分数を整数になおす。
上の式の両辺を6倍する。

4 $x=-5$，$y=5$

5 $x=2$，$y=-5$
小数を整数になおす。
上の式の両辺を10倍する。

6 $x=-1$，$y=3$

7 $x=2$，$y=-1$

8 $x=2$，$y=-1$

9 $x=-3$，$y=5$

ぷちトク！ 係数に分数がある連立方程式

係数を整数になおすために，両辺に分母の最小公倍数をかける。このとき，右辺や整数へのかけ忘れに注意する。

6 連立方程式の利用

重要度

連立方程式の利用

★ □ **1** 1個80円のみかんと1個130円のりんごを合わせて16個買ったところ，代金の合計は1730円であった。
買ったみかんとりんごの個数をそれぞれ求めなさい。

□ **2** プリン3個とゼリー2個の代金の合計は900円，プリン2個とゼリー5個の代金の合計は1150円である。
プリン1個とゼリー1個の値段をそれぞれ求めなさい。

□ **3** 大小2つの整数があり，小さい方の数の2倍に5を加えると大きい方の数になる。また，大きい方の数の2倍から小さい方の数をひくと64になる。
2つの整数を求めなさい。

★ □ **4** A町から24km離《はな》れたB町まで行くのに，途中《とちゅう》のC町まではバスに乗って時速36kmで進み，C町からB町までは時速4kmで歩いたところ，A町からB町まで2時間かかった。
歩いた道のりを求めなさい。

★ □ **5** ある中学校の昨年度の入学者数は275人であった。今年度は昨年度より，男子が6%増加し，女子が4%減少したので，全体では4人増加した。
今年度の男子と女子の入学者数をそれぞれ求めなさい。

解答

1 みかん 7個
りんご 9個
みかんをx個，りんごをy個とする。

2 プリン 200円
ゼリー 150円

3 41と18
小さい方の数をx，大きい方の数をyとすると，1つ目の式は，$2x+5=y$となる。

4 6km
A町からC町までの道のりを$x$km，C町からB町までの道のりを$y$kmとする。

5 男子 159人
女子 120人
昨年度の男子をx人，昨年度の女子をy人として求める。

ぷちトク！ x，yの決め方

求めるもの以外をx，yとしたとき，連立方程式《れんりつほうていしき》の解《かい》はそのまま答えとしてはいけないので注意する。問題をよく読み，求める答えを確認する。

7 1次関数

重要度

1次関数の選択

解答

★ □ **1** 次のア～エのxとyの関係について，yがxの1次関数であるものを1つ選び，記号で答えなさい。

ア　半径$x$cmの円の面積$y$cm^2

イ　面積が30cm^{2}の長方形の縦の長さ$x$cmと横の長さ$y$cm

ウ　1本80円の鉛筆《えんぴつ》x本と1個70円の消しゴム2個の代金の合計y円

エ　中学x年生の身長の平均$y$cm

1 ウ
式に表したとき
$y=ax+b$の形になるもの。

□ **2** 次のア～エのうち，yがxの1次関数であるものをすべて選び，記号で答えなさい。

ア　$xy=24$　　イ　$x+2y=3$

ウ　$y=x^2+4$　　エ　$y=-4x$

2 イ，エ
yについて解《と》いたとき，
$y=ax+b$の形になるもの。

変化の割合・値の変化

□ **3** 1次関数$y=-3x+5$の変化の割合を求めなさい。

3 -3

□ **4** 1次関数$y=x-7$の変化の割合を求めなさい。

4 1

□ **5** 1次関数$y=\frac{1}{2}x+3$の変化の割合を求めなさい。

5 $\frac{1}{2}$

★ □ **6** 1次関数$y=-3x+5$について，xの値《あたい》が4増加するときのyの増加量を求めなさい。

6 -12

□ **7** 1次関数$y=2x-1$について，xの値が-3から2まで増加するときのyの増加量を求めなさい。

7 10

ぷちトク！ 変化の割合

$(変化の割合)=\frac{(y の増加量)}{(x の増加量)}$で表される。

8 1次関数のグラフ

重要度

傾きと切片

★ □ **1** 次の1次関数のグラフの傾《かたむ》きと切片《せっぺん》をそれぞれ求めなさい。

① $y=4x+3$　　② $y=-\frac{1}{3}x-5$

③ $y=-x-9$　　④ $y=4-2x$

□ **2** 次の直線の式を求めなさい。

① 傾き2，切片 -1

② 傾き -3，切片7

③ 傾き$\frac{3}{4}$，切片 -2

1次関数のグラフ，変域

★ □ **3** 次の図の直線の式を求めなさい。

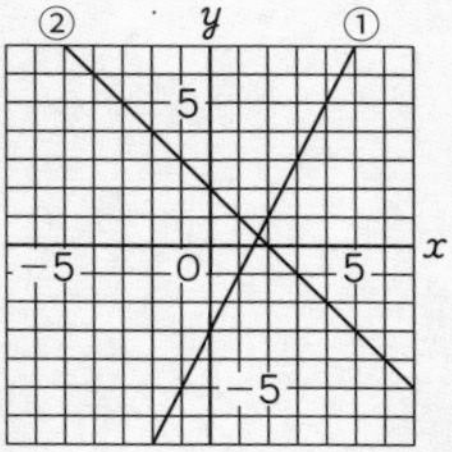

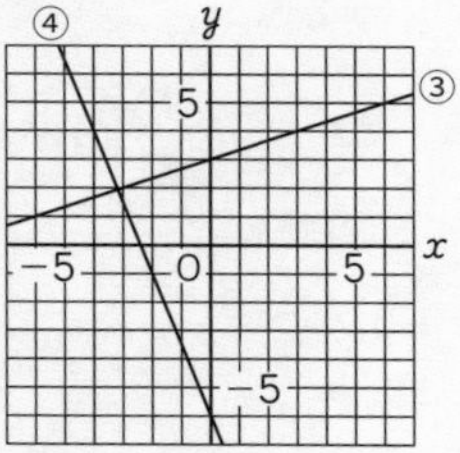

□ **4** 次の1次関数について，xの変域が $-2 \leqq x \leqq 3$ のときのyの変域を求めなさい。

① $y=x+4$

② $y=-3x-1$

解答

1 ① 傾き4，切片3

② 傾き $-\frac{1}{3}$，切片 -5

③ 傾き -1，切片 -9

④ 傾き -2，切片4

2 ① $y=2x-1$

② $y=-3x+7$

③ $y=\frac{3}{4}x-2$

3 ① $y=2x-3$

② $y=-x+2$

③ $y=\frac{1}{3}x+3$

④ $y=-\frac{5}{2}x-6$

4 ① $2 \leqq y \leqq 7$

② $-10 \leqq y \leqq 5$

ぷちトク! 傾きと切片

① 1次関数 $y=ax+b$ のグラフは，$a>0$ のとき右上がり，$a<0$ のとき右下がり。

② グラフとy軸《じく》との交点のy座標が切片である。

9 1次関数の式

重要度

1次関数の式

次の1次関数(直線)の式を求めなさい。

- □ **1** 変化の割合が -2 で，$x=1$ のとき，$y=5$
- □ **2** グラフの傾《かたむ》きが1で，点 $(4,\ -1)$ を通る。
- □ **3** 切片《せっぺん》が -1 で，$x=-3$ のとき，$y=2$
- ★ □ **4** y 軸《じく》と点 $(0,\ -2)$ で交わり，点 $(3,\ 4)$ を通る。
- ★ □ **5** 2点 $(1,\ 4)$，$(5,\ 0)$ を通る。
- □ **6** $x=-1$ のとき $y=-14$，$x=3$ のとき $y=2$
- ★ □ **7** 直線 $y=-3x+1$ に平行で，点 $(2,\ 4)$ を通る。
- □ **8** x 軸に平行で，点 $(0,\ 3)$ を通る。
- □ **9** y 軸に平行で，点 $(-4,\ 0)$ を通る。

2直線の交点の座標

次の2直線の交点の座標を求めなさい。

- ★ □ **10** $y=2x-1$ と $y=-x+5$
- □ **11**

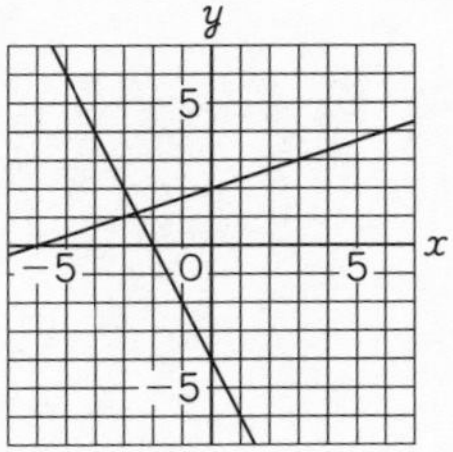

解答

1 $y=-2x+7$

2 $y=x-5$

3 $y=-x-1$

4 $y=2x-2$

5 $y=-x+5$

6 $y=4x-10$

7 $y=-3x+10$

8 $y=3$

9 $x=-4$

10 $(2,\ 3)$

11 $\left(-\frac{18}{7},\ \frac{8}{7}\right)$

2直線の式を連立方程式《れんりつほうていしき》として解《と》く。

ぷちトク！ x 軸，y 軸に平行な直線

$y=h$ のグラフは，点 $(0,\ h)$ を通り，x 軸に平行な直線で，
$x=k$ のグラフは，点 $(k,\ 0)$ を通り，y 軸に平行な直線である。

10 1次関数の利用

重要度

速さの問題

解答

□ **1** みなみさんは，家を出発して駅に向かった。はじめは分速60mで歩き，5分後についたコンビニエンスストアで10分間買い物をした。そこから分速100mで走り，家を出てから20分後に駅についた。右上の図は，家を出発してからx分後の，家からの道のりをymとして，xとyの関係をグラフに表したものである。

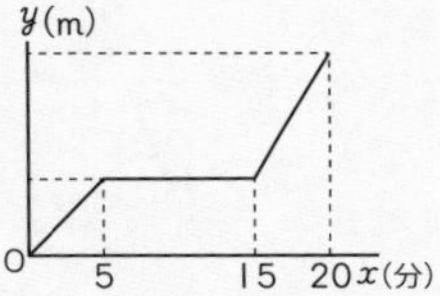

① 家からコンビニエンスストアまでの道のりを求めなさい。

② $15 \leqq x \leqq 20$のとき，yをxの式で表しなさい。

③ 家から駅までの道のりを求めなさい。

1 ① 300m

(道のり)＝(速さ)×(時間)

② $y = 100x - 1200$

傾《かたむ》き100で点（15，300）を通る直線の式を求める。

③ 800m

x=20のときのyの値《あたい》が，家から駅までの道のりを表している。

点の移動と面積

□ **2** 右の図のような直角三角形ABCの辺上を点Pが毎秒1cmの速さで，B→C→Aと移動する。点Pが出発してからx秒後の△ABPの面積を$y$cm^{2}とする。

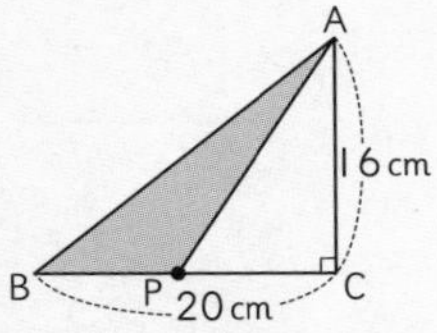

① $x = 4$のときのyの値を求めなさい。

② 点Pが辺CA上を動くとき，yをxの式で表しなさい。

③ $y = 80$となるxの値をすべて求めなさい。

2 ① $y = 32$

△ABP＝$\frac{1}{2}$×BP×AC

② $y = -10x + 360$

△ABP＝$\frac{1}{2}$×AP×BC

③ $x = 10$，28

点Pが辺BC上を動くとき，辺CA上を動くときをそれぞれ考える。

ぷちトク！ 1次関数を利用する問題を解くときの注意

① 時間と道のりのグラフでは，傾きが速さとなる。

② 1次関数の利用の問題では，変域に注意する。

11 平行線と角

重要度

平行線の性質

★ □ **1** 右の図のように，平行な2直線ℓ,mに1つの直線nが交わるとき，［ ① ］（$\angle a$と$\angle b$），［ ② ］（$\angle a$と$\angle c$）はそれぞれ等しい。

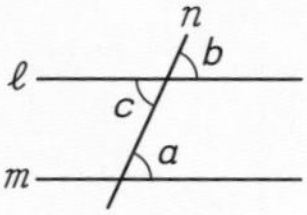

□ **2** 右の図で，直線ℓ，m，nのうち，平行な2直線の組を選びなさい。

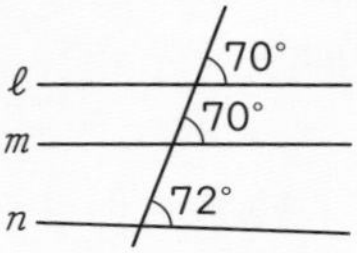

平行線の同位角・錯角

★ □ **3** 次の図で，$\ell \parallel m$のとき，$\angle x$の大きさを求めなさい。

①

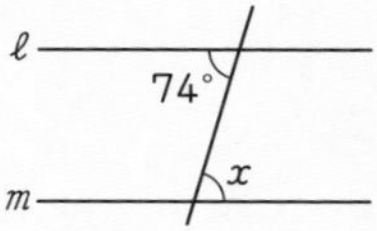

②

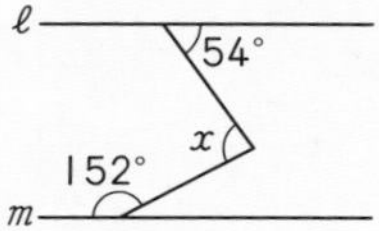

③

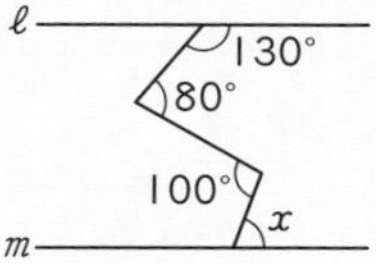

④

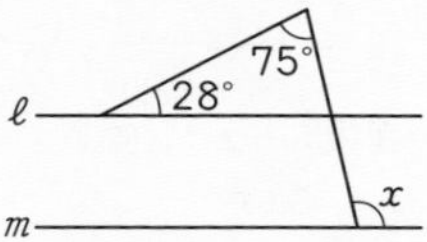

解答

1 ① 同位角《どういかく》
② 錯角《さっかく》

2 直線ℓと直線m

3 ① 74°
② 82°
③ 70°
④ 103°

ぷちトク！ 平行線と角

① 補助線をひいて，平行線の同位角や錯角が等しいことを利用する。

② 等しい角には印をつけておく。

12 多角形の角

重要度

三角形の角

★ □ **1** 次の図で，$\angle x$の大きさを求めなさい。

①

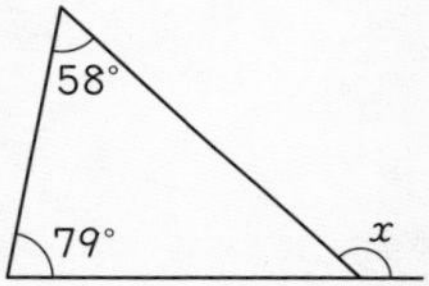

②

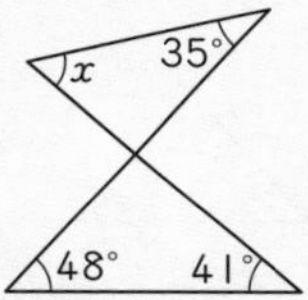

③

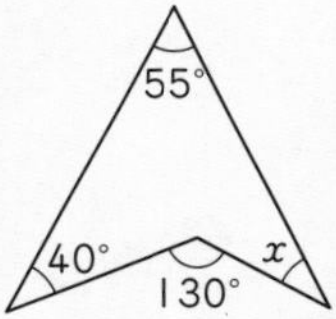

④

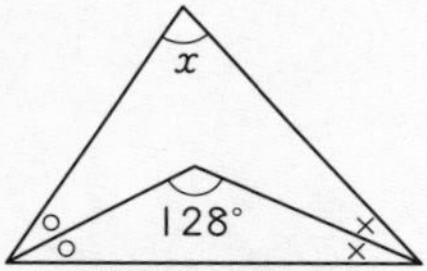

同じ印をつけた角の大きさは等しい。

多角形の角

□ **2** 正十二角形の1つの内角《ないかく》の大きさを求めなさい。

★ □ **3** 1つの外角《がいかく》が24°の正多角形は正何角形か。

★ □ **4** 次の図で，$\angle x$の大きさを求めなさい。

①

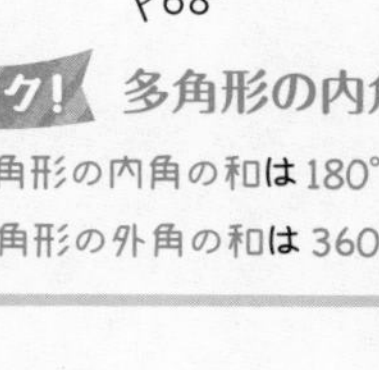

②

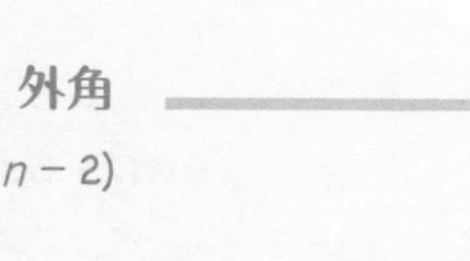

解答

1 ① 137°
② 54°
③ 35°
④ 76°
○＋×の大きさを求める。

2 150°

3 正十五角形

4 ① 107°
② 105°

ぷちトク！ 多角形の内角，外角

① n角形の内角の和は$180^\circ \times (n-2)$

② 多角形の外角の和は360°

13 三角形の合同

重要度

対応する辺，角

□ **1** 下の図で△ABC≡△DEFである。

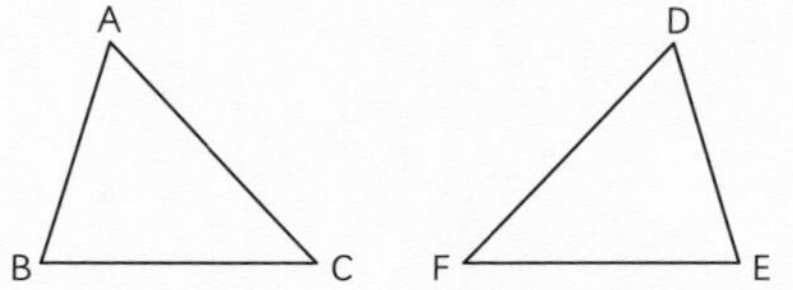

① 辺ABの長さが6cm，辺ACの長さが8cmのとき，辺DEの長さを求めなさい。

② ∠A＝62°，∠C＝43°のとき，∠Eの大きさを求めなさい。

三角形の合同条件

★ □ **2** 次の三角形の合同条件《ごうどうじょうけん》の［　　］にあてはまることばを答えなさい。

① ［　　］がそれぞれ等しい。

② 2組の辺とその［　　］がそれぞれ等しい。

③ 1組の辺とその［　　］がそれぞれ等しい。

★ □ **3** 右の図で，△ABEと△CDEは合同である。このことを証明《しょうめい》するときに使う合同条件を答えなさい。

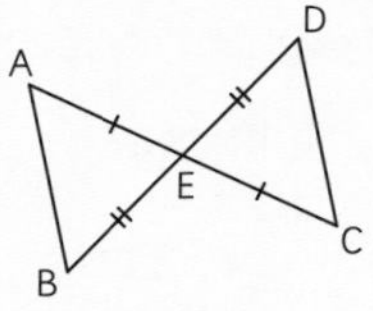

解答

1 ① 6cm
② 75°

2 ① 3組の辺
② 間の角
③ 両端《りょうたん》の角

3 2組の辺とその間の角がそれぞれ等しい。
AE＝CE，BE＝DE，
∠AEB＝∠CED

ぷちトク！ 対応する辺，角

① 合同な図形では，対応する頂点の順番を確認する。

② 合同な図形では，対応する辺の長さや角の大きさは等しい。

14 三角形の合同の証明

重要度

仮定，結論

次の文について，仮定《かてい》と結論《けつろん》を答えなさい。

□ **1** ある数が4と6の公倍数ならば，ある数は12の倍数である。

□ **2** 2つの図形が合同《ごうどう》であれば，面積は等しい。

三角形の合同の証明

右の図で，AC＝DB，∠ACB＝∠DBCならば，AB＝DCであることを証《しょう》明《めい》する。

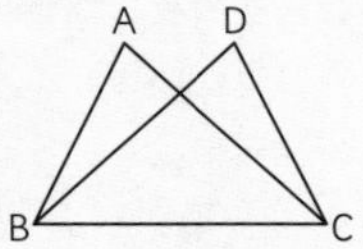

□ **3** 仮定と結論を答えなさい。

□ **4** 仮定から結論を導くためには，どの三角形とどの三角形の合同を示せばよいか答えなさい。

★ □ **5** 証明を完成させなさい。

[証明]　△ABCと△[①]において，
仮定より，AC＝[②]…(ⅰ)
∠ACB＝∠[③]…(ⅱ)
共通な辺だから，BC＝[④]…(ⅲ)
(ⅰ)，(ⅱ)，(ⅲ) より，[⑤]が
それぞれ等しいから，△ABC≡△[①]
合同な図形の対応する辺は等しいので，AB=DC

解答

1 仮定 ある数が4と6の公倍数
結論 ある数は12の倍数

2 仮定 2つの図形が合同
結論 面積は等しい

3 仮定 AC＝DB，∠ACB＝∠DBC
結論 AB＝DC

4 △ABCと△DCB

5 ① DCB
② DB
③ DBC
④ CB
⑤ 2組の辺とその間の角

ぷちトク！ 合同の証明のしかた

① **仮定から**わかること(等しい辺，等しい角)に印をつける。
② 対応する頂点の順番はそろえてかく。

15 二等辺三角形・逆と反例

重要度

二等辺三角形の定義と定理

□にあてはまることばを答えなさい。

□ **1** □が等しい三角形を二等辺三角形という。
…(定義《ていぎ》)

□ **2** 二等辺三角形の２つの ① は等しい。
二等辺三角形の頂角《ちょうかく》の二等分線は ② を垂直に ③ する。
…(定理《ていり》)

二等辺三角形の性質，逆，反例

★ □ **3** 次の図で，同じ印をつけた辺の長さが等しいとき，$\angle x$の大きさを求めなさい。

①

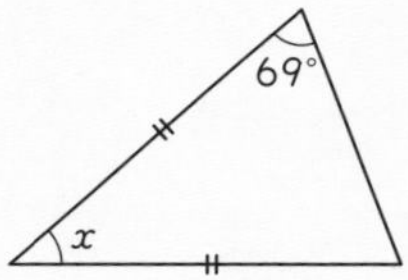

②

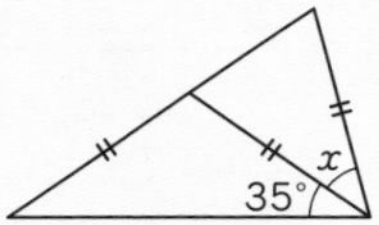

□ **4** 次のことがらの逆《ぎゃく》を答えなさい。また，それが正しいかどうかも答えなさい。
△ABCが正三角形ならば，∠A＝60°である。

解答

1 ２つの辺

2 ① 底角《ていかく》
② 底辺《ていへん》
③ ２等分

3 ① 42°
② 40°

4 逆 △ABCで∠A＝60°ならば，△ABCは正三角形である。
正誤 正しくない。
反例：∠A＝60°，∠B＝50°，∠C＝70°

ぷちトク！ 反例

反例《はんれい》…あることがらが正しくないことを示す例。

正しくないことをいうには，反例を1つあげればよい。

16 直角三角形

重要度

直角三角形の合同

★ □ **1** 次の図で，合同《ごうどう》な三角形の組を２組選び，記号で答えなさい。

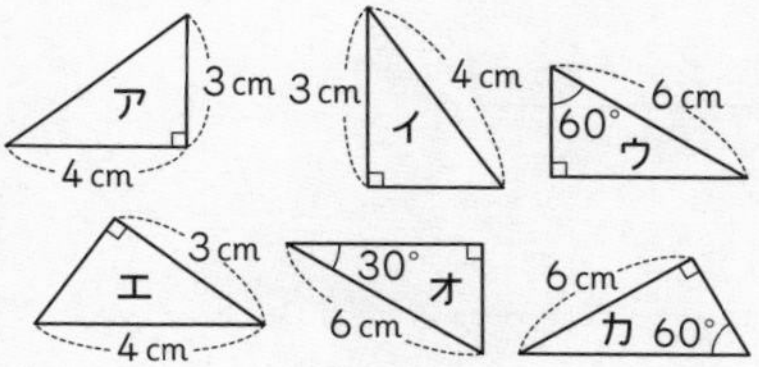

直角三角形の合同条件の利用

右の図で，△ABCの頂点B，Cから辺AC，ABに垂線BD，CEをそれぞれひく。

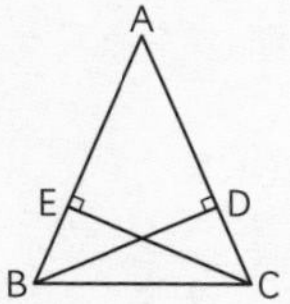

★ □ **2** BE＝CDのとき，△EBC≡△DCBであることを証明《しょうめい》しなさい。

［証明］　△EBCと△DCBにおいて，

仮定《かてい》より，∠CEB＝∠［　①　］＝90°…(ｉ)

BE＝［　②　］…(ii)

共通な辺だから，BC＝CB…(iii)

(ｉ)，(ii)，(iii) より，［　③　］がそれぞれ等しいから，△EBC≡△DCB

□ **3** 垂線BDとCEの交点をFとする。BE＝CDのとき，△FBCはどのような三角形となるか答えなさい。

解答

1 イとエ

合同条件：直角三角形の斜《しゃ》辺《へん》と他の１辺がそれぞれ等しい。

ウとオ

合同条件：直角三角形の斜辺と１つの鋭角《えいかく》がそれぞれ等しい。

2 ① BDC

② CD

③ 直角三角形の斜辺と他の１辺

3 二等辺三角形

ぷちトク！ 直角三角形の合同条件

① **直角三角形の斜辺と1つの鋭角がそれぞれ等しい。**

② **直角三角形の斜辺と他の1辺がそれぞれ等しい。**

17 平行四辺形

重要度

平行四辺形の性質

□ **1** 右の四角形ABCDは，平行四辺形である。

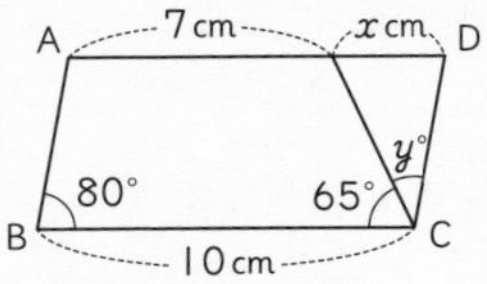

① xの値《あたい》を求めなさい。

② yの値を求めなさい。

□ **2** 右の図で，四角形ABCDは平行四辺形である。対《たい》角《かく》線《せん》AC上に2点M，Nを，AM＝CNとなるようにとるとき，BM＝DNとなることを証明《しょうめい》しなさい。

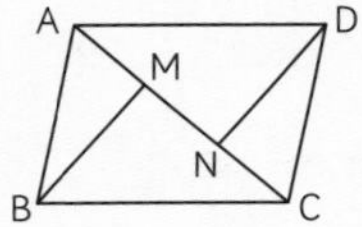

［証明］　△ABMと△CDNにおいて，

仮定《かてい》より，AM＝CN

平行四辺形の対辺《たいへん》は等しいから，AB＝［　①　］

AB // DCで，錯角《さっかく》は等しいから，

∠BAM＝∠［　②　］

よって，［　③　］から，△ABM≡△CDN

したがって，BM＝DN

平行四辺形になる条件

□ **3** 四角形ABCDが必ず平行四辺形になるものには○，平行四辺形にならない場合があるものには×を答えなさい。

① AD＝BC，AB // DC

② ∠A＝∠C，∠B＝∠D

解答

1 ① $x=3$

② $y=35$

2 ① CD

② DCN

③ 2組の辺とその間の角がそれぞれ等しい

3 ① ×

② ○

ぷちトク！ 平行四辺形の性質と条件

① 平行四辺形になる条件は5つある。よく覚えておくこと。

② 平行四辺形の性質を利用して三角形の合同《ごうどう》を導くことも多い。

18 特別な四角形・平行線と面積

重要度

特別な平行四辺形

解答

★ □ **1** 右の図の平行四辺形ABCDに，ある条件を1つ加えてひし形にするとき，ア～オのうちあてはまるものをすべて選びなさい。

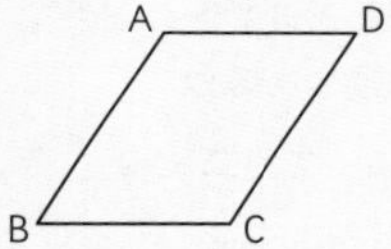

ア　AC＝BD　　イ　AB＝BC

ウ　AC⊥BD　　エ　∠BAC＞∠DAC

オ　∠A＋∠C＝180°

□ **2** 次の図形はどんな図形か。最も適切な名前を答えなさい。

① 対角線が垂直に交わる平行四辺形

② 対角線の長さが等しい平行四辺形

③ 1組のとなり合う2つの角が等しいひし形

平行線と面積

★ □ **3** 右の図で，四角形ABCDは平行四辺形である。辺BC上に点Eを，辺CD上に点FをEF // BDとなるようにとる。このとき，かげをつけた三角形と面積が等しい三角形をすべて答えなさい。

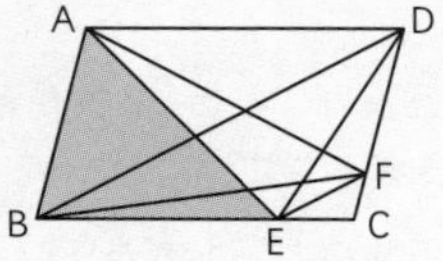

解答

1 イ，ウ

ひし形は4つの辺がすべて等しい。

対角線《たいかくせん》が垂直に交わる。

2 ① ひし形

② 長方形

③ 正方形

1組のとなり合う2つの角が等しい。

→4つの角が90°

3 △BDE，△BDF，△ADF

ぷちトク！ 特別な平行四辺形の性質

① 長方形，ひし形，正方形の定義《ていぎ》をおさえておく。

② 長方形，ひし形，正方形は平行四辺形の性質をすべてもっている。

19 確率①

重要度

場合の数

□ **1** 1つのさいころを投げるとき，3の倍数の目が出る場合は，全部で何通りあるか。

□ **2** A，B，Cの3人がリレーで走るとき，走る順番は全部で何通りあるか。

□ **3** 3枚の硬貨《こうか》を同時に1回投げるとき，表裏の出方は全部で何通りあるか。

★□ **4** A，B，C，Dの4人の中から委員を2人選ぶとき，選び方は何通りあるか。

確率

★□ **5** 袋《ふくろ》の中に赤玉3個と白玉1個と青玉2個が入っている。この中から玉を1個取り出すとき，青玉を取り出す確率《かくりつ》を求めなさい。

□ **6** ジョーカーを除く52枚のトランプがある。この中から1枚をひくとき，絵札をひく確率を求めなさい。

□ **7** 3枚の硬貨を同時に1回投げるとき，2枚が表で1枚が裏になる確率を求めなさい。

□ **8** [1]，[2]，[3]，[4]，[5]の5枚のカードがある。1枚ずつ2回続けて取り出して1枚目を十の位，2枚目を一の位として2けたの整数をつくるとき，40以上になる確率を求めなさい。

★□ **9** 大，小2つのさいころを同時に投げるとき，出た目の数の和が8になる確率を求めなさい。

解答

1 2通り

2 6通り
樹形図《じゅけいず》に表してみる。

3 8通り

4 6通り

5 $\frac{1}{3}$
同じ色の玉は，青1，青2のように区別して考える。

6 $\frac{3}{13}$

7 $\frac{3}{8}$

8 $\frac{2}{5}$

9 $\frac{5}{36}$

ぷちトク！ 確率の求め方

① 確率では，樹形図や表をかいて求める。

② 複数個を選ぶ場合，並び方の区別があるかどうかに注意する。

20 確率②

重要度

確率の利用

□ **1** 2人がじゃんけんを1回するとき，あいこにならない確率《かくりつ》を求めなさい。

★ □ **2** 大，小2つのさいころを1回投げるとき，出た目の数の積が偶数《ぐうすう》になる確率を求めなさい。

□ **3** 男子2人，女子2人の中から，くじ引きで班長1人と副班長1人をそれぞれ選ぶとき，班長と副班長の少なくとも一方が男子である確率を求めなさい。

★ □ **4** 右の図のような正五角形ABCDEがあり，はじめ，2点P，Qは頂点Aにある。さいころを2回投げ，1回目は点Pを反時計回りに，2回目は点Qを時計回りにそれぞれさいころの出た目の数と同じ数だけ先の頂点に進める。このとき，2点P，Qが同じ頂点に止まる確率を求めなさい。

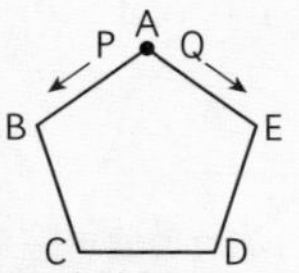

□ **5** 右の図のような原点をOとする座標平面があり，P(6，0)である。大，小2つのさいころをそれぞれ1回投げ，大きいさいころの出た目の数をa，小さいさいころの出た目の数をbとし，Q(a，b)を座標平面上にとる。3点O，P，Qを結んでできる△OPQの面積が12になる確率を求めなさい。ただし，座標の1目もりを1とする。

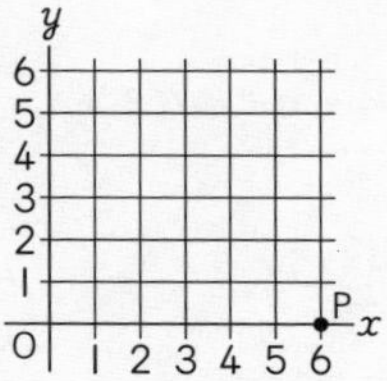

解答

1 $\frac{2}{3}$

2 $\frac{3}{4}$

3 $\frac{5}{6}$

4 $\frac{7}{36}$
それぞれの頂点に止まる場合のさいころの目の数を書き出す。

5 $\frac{1}{6}$
Qのy座標が4のときである。

ぷちトク！ 確率の利用

① (あることがらが起こらない確率)＝1－(あることがらが起こる確率)

② 「少なくとも～起こる確率」を求めるときは，1－(起こらない確率)で求める。

21 データの比較①

重要度

四分位数，四分位範囲

□ **1** すべてのデータを小さい順に並べ，4等分したときの3つの区切りの値《あたい》を［ ① ］という。
値の小さい方の半分の中央値を［ ② ］，値の大きい方の半分の中央値を［ ③ ］，データ全体の中央値を［ ④ ］という。

□ **2** 第3四分位数から第1四分位数をひいた値を［　　］という。

★ □ **3** 下のデータで，四分位範囲を求めなさい。

45	29	36	39	41	23	35	38
43	44	32	44	33	39	34	27
42	40	43	24				

□ **4** 下のデータを見て，それぞれの値を答えなさい。

3	5	6	8	10	12	15

① 最小値　② 最大値
③ 第1四分位数　④ 第2四分位数
⑤ 第3四分位数　⑥ 四分位範囲

★ □ **5** 下のデータを見て，それぞれの値を答えなさい。

35	14	23	20	7
29	11	17	13	32

① 最小値　② 最大値
③ 第1四分位数　④ 第2四分位数
⑤ 第3四分位数　⑥ 四分位範囲

解答

1 ① 四分位数《しぶんいすう》
② 第1四分位数
③ 第3四分位数
④ 第2四分位数

2 四分位範囲《しぶんいはんい》

3 10

4 ① 3
② 15
③ 5
④ 8
⑤ 12
⑥ 7

5 ① 7
② 35
③ 13
④ 18.5
⑤ 29
⑥ 16

ぷちトク！ 四分位数，四分位範囲

① データが偶数《ぐうすう》個《こ》の場合は中央にくる2つの値の平均値が四分位数になる。

② (四分位範囲)＝(第3四分位数)－(第1四分位数)

22 データの比較②

重要度

箱ひげ図

□ **1** 生徒23人の通学時間を調べ，下の箱ひげ図にまとめた。この箱ひげ図について，次のア～エから正しいものをすべて選びなさい。

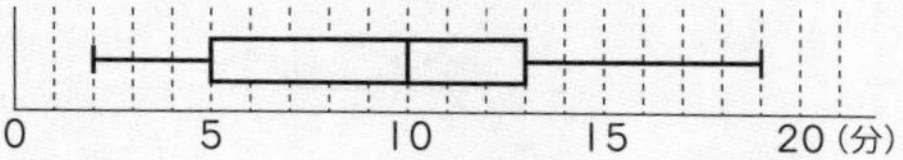

ア　少なくとも半分以上の生徒は通学時間が9分以上である。

イ　通学時間が最も長い生徒と最も短い生徒の差は8分である。

ウ　23人の通学時間の平均は10分である。

エ　通学時間が13分以上の生徒は6人以上いる。

★ □ **2** 次のア～ウの箱ひげ図のうち，あとの①～③のヒストグラムに対応するものをそれぞれ選びなさい。

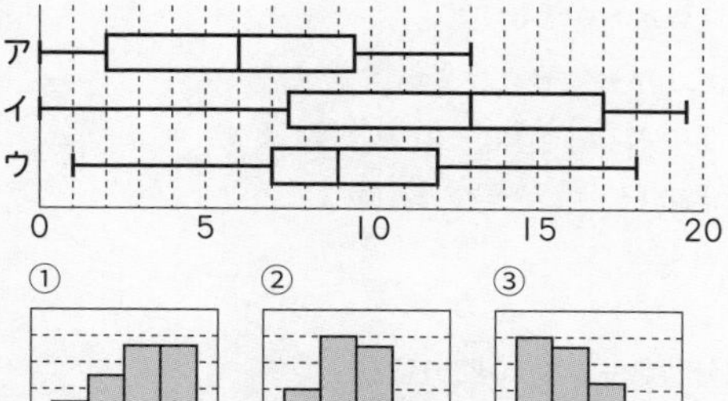

解答

1 ア，エ

ア　中央値を確認する。

イ　最小値と最大値を比べる。

ウ　平均値を読みとることができるかを考える。

エ　第3四分位数から考える。

2 ① イ

② ウ

③ ア

ヒストグラムと箱ひげ図から中央値や分布のようすを比較する。

ぷちトク！ 箱ひげ図

① 箱ひげ図では，箱の中にデータのおよそ半分がふくまれる。

② データのちらばりが大きいと，箱ひげ図は大きくなる。

ぷちまとめ

大事な用語の確認

◉ 1次関数

・(変化の割合)＝$\dfrac{(y\text{の増加量})}{(x\text{の増加量})}$

・1次関数$y=ax+b$で，
aを(傾《かたむ》き)，bを(切片《せっぺん》)という。

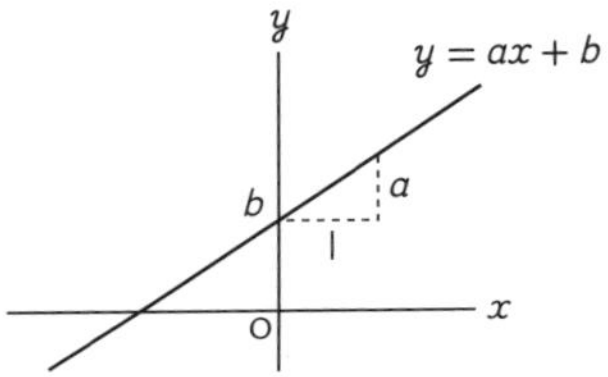

◉ 平行線と角

・$\angle a$と$\angle b$を(対頂角《たいちょうかく》)，$\angle a$と$\angle c$を(同位角《どういかく》)，
$\angle b$と$\angle c$を(錯角《さっかく》)という。$\angle a=\angle b$である。

・($\ell \parallel m$)のとき，$\angle a=\angle c$，$\angle b=\angle c$

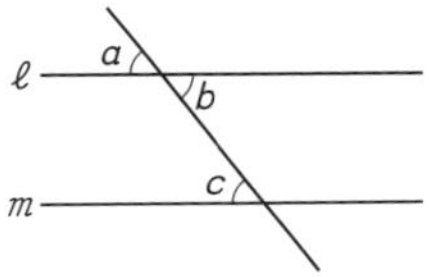

◉ 三角形の合同《ごうどう》条件

・(3組の辺)がそれぞれ等しい。

・2組の辺とその(間の角)がそれぞれ等しい。

・1組の辺とその(両端《りょうたん》の角)がそれぞれ等しい。

・直角三角形の(斜辺《しゃへん》)と1つの(鋭角《えいかく》)がそれぞれ等しい。

・直角三角形の(斜辺)と他の(1辺)がそれぞれ等しい。

◉ 四分位範囲《しぶんいはんい》

・四分位範囲＝(第3)四分位数－(第1)四分位数

◉ 箱ひげ図

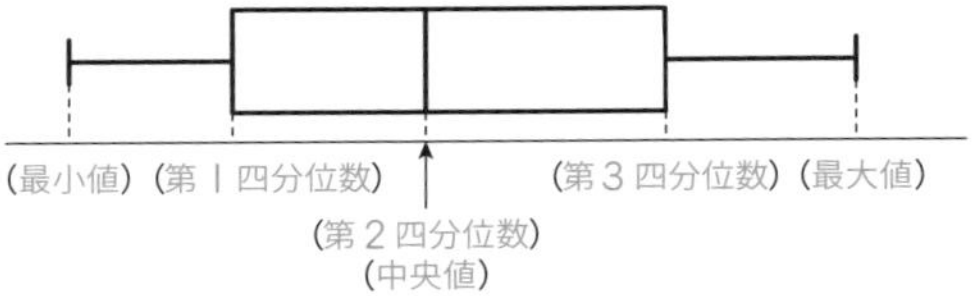

ENGLISH

英語

1 一般動詞の過去の文

重要度

規則動詞・不規則動詞の過去形

次の英文の(　　)内から適切な語を選びなさい。

- □ 1 I (play / played) soccer yesterday.
- □ 2 Mai (go / goes / went) there last night.
- □ 3 Who (open / opens / opened) the window two hours ago?
- ★ □ 4 Did you (take / took) a picture there?
  — Yes, I (do / did).

次の英文の____に適切な1語を入れなさい。

- □ 5 私は祖母に手紙を書きました。
  I ____ a letter to my grandmother.
- □ 6 ボブはこの前の日曜日，母を手伝いました。
  Bob ____ his mother ____ Sunday.
- □ 7 あなたはギターを練習しましたか。
  — いいえ，しませんでした。
  Did you practice the guitar? — No, I ____.

次の英文を(　　)内の指示に従って書きかえるとき，____に適切な1語を入れなさい。

- □ 8 I did my homework yesterday.（否定文に）
  I ____ ____ my homework yesterday.
- ★ □ 9 She bought a bag.（下線部をたずねる疑問文に）
  What ____ she ____?

解答

1 played

2 went

3 opened
～ ago「～前に」は過去を表す。

4 take，did
〈Did＋主語＋動詞の原形 ～?〉

5 wrote
write「～を書く」は不規則動詞。

6 helped，last

7 didn't
〈Did＋主語＋動詞の原形 ～?〉にはdidを使って答える。

8 didn't do
didの原形はdo。

9 did，buy

ぷちトク！ 否定文・疑問文のときの動詞の形

否定文や疑問文のときは，過去の文でも動詞は原形にする。

例 I didn't run in the park.（私は公園で走りませんでした。）
run：原形

2 be動詞の過去の文

重要度

was・were

次の英文の(　　)内から適切な語を選びなさい。

□ 1 I (am / was / were) in the music club last year.

□ 2 Kana and Yui (are / was / were) in the kitchen an hour ago.

□ 3 We (are / is / was) good friends.

★ □ 4 (Did / Was / Were) your father busy yesterday?

次の英文の____に適切な1語を入れなさい。

★ □ 5 昨日は雨でした。
It ______ rainy yesterday.

□ 6 彼らは疲《つか》れていませんでした。
They ______ ______ tired.

□ 7 あなたはそのとき野球選手でしたか。
______ ______ a baseball player then?

□ 8 彼はピアノを弾《ひ》くことが得意でした。
He ______ good at playing the piano.

次の英文を(　　)内の指示に従って書きかえるとき，____に適切な1語を入れなさい。

★ □ 9 I was sick last night.（否定文に）
I ______ sick last night.

□ 10 They were in the park.（下線部をたずねる疑問文に）
______ ______ they?

解答

1 was

2 were
an hour agoから過去の文。

3 are

4 Was
busyは形容詞なので，didではなくbe動詞の過去形を使う。

5 was

6 were not
否定文は〈be動詞＋not〉。

7 Were you

8 was

9 wasn't

10 Where were
場所をたずねる疑問文に。

ぷちトク！ be動詞の過去形の使い分け

be動詞の過去形は，主語の人称や数によって使い分ける。

例 My brother was a student.　（My brother：3人称単数）
Ken and Shun were classmates.　（Ken and Shun：3人称複数）

3 過去進行形

重要度

was[were] + ～ing

次の英文の(　　)内から適切な語を選びなさい。

- □ 1 Meg (was / were) playing the piano.
- □ 2 I was (play / played / playing) the guitar.
- ★ □ 3 (Was / Were / Did) you cooking then?
  ─ Yes, I (was / were / did).
- □ 4 Who (was / were) using the computer?

次の(　　)内の語を適切な形に変えて____に入れなさい。

- □ 5 I was ______ math. (study)
- □ 6 My mother was ______ a bag. (make)
- ★ □ 7 We were ______ in the sea. (swim)
- □ 8 She was ______ a letter. (write)

次の英文の____に適切な1語を入れなさい。

- ★ □ 9 彼らはそのとき音楽を聞いていませんでした。
  They ______ ______ to music then.
- □ 10 ケンタは6時に川沿いを走っていました。
  Kenta ______ ______ along the river at six.
- □ 11 あなたは昨夜8時に何をしていましたか。
  ─ 私はテレビを見ていました。
  ______ ______ you ______ at eight last night?
  ─ I ______ ______ TV.

解答

1 was

2 playing

3 Were, was

4 was
whoが主語のとき3人称単数扱い。

5 studying

6 making

7 swimming

8 writing

9 weren't listening
be動詞のあとにnotを置く。

10 was running
runのing形はnを重ねてing。

11 What were, doing, was watching

ぷちトク! 進行形にしない動詞

like ～「～が好きである」, want ～「～がほしい」, have ～「～を持っている」のような状態を表す動詞は進行形にしない。「食べる」の意味ではhaveも進行形で使われる。

例 I have a dog.「飼っている」　I was having breakfast then.「食べていた」

4 未来を表すbe going to ～

重要度

be going to ～

解答

次の英文の(　　)内から適切な語を選びなさい。

□ 1 I (am / is / are) going to leave Japan on April 30.

1 am

□ 2 We're going to (visit / visits / visiting) our grandmother tomorrow.

2 visit
be going toのあとは動詞の原形。

★ □ 3 Where (did / do / is) he going to eat lunch?
― He's going to (eat / eats / ate) in the cafeteria.

3 is, eat

★ □ 4 Who (are / do / be) you going to meet this afternoon?

4 are

次の英文の____に適切な１語を入れなさい。

□ 5 私は今日自分の部屋を掃除《そうじ》する予定です。
I'm ______ to ______ my room today.

5 going, clean

★ □ 6 ケイタは宿題をする予定ではありません。
Keita ______ going to ______ his homework.

6 isn't, do
否定文はbe動詞のあとにnotを置く。

次の英文の(　　)内の語を並べかえなさい。文頭の語も小文字になっています。

□ 7 (going / are / play / we / to) tennis in the park tomorrow.

7 We are going to play

★ □ 8 (are / long / they / to / how / stay / going) here?

8 How long are they going to stay

ぷちトク！ be going to ～の否定文と疑問文

be going to ～の否定文はbe動詞のあとにnotを置き，疑問文は主語の前にbe動詞を置く。

例 I'm not going to see him. (私は彼に会う予定ではありません。)
Are you going to see him? (あなたは彼に会う予定ですか。)

5 未来を表すwill

重要度

will ～

次の英文の(　　)内から適切な語句を選びなさい。

□ 1 He (is going / will) be busy tomorrow.

□ 2 (I'm / I'll) call him tonight.

★ □ 3 When (will / were / are) they come here?

次の英文の____に適切な1語を入れなさい。

□ 4 今度の金曜日は雨でしょう。
It ______ ______ rainy next Friday.

★ □ 5 彼女は今日，夕食を作らないでしょう。
She ______ ______ make dinner today.

□ 6 あなたは彼女を手伝うつもりですか。
－はい，手伝うつもりです。
______ you ______ her? － Yes, I ______.

□ 7 だれが明日ギターを演奏しますか。
______ ______ play the guitar tomorrow?

次の英文を(　　)内の指示に従って書きかえるとき，____に適切な1語を入れなさい。

★ □ 8 I will study in the library.（否定文に）
I ______ ______ in the library.

□ 9 Emily will arrive at the station at eight.
（下線部をたずねる疑問文に）
______ time ______ Emily arrive at the station?

解答

1 will

2 I'll

3 will
疑問文は主語の前にwillを置く。

4 will be

5 will not

6 Will，help，will

7 Who will
whoが主語の文。

8 won't study
短縮形を用いる。

9 What，will
〈疑問詞＋will＋主語＋動詞の原形 ～?〉の語順。

ぷちトク！ be going to ～とwill ～のちがい

be going to ～はすでに決まっている予定を，will ～はその場で決めた未来のことを表す。

例 I'm going to visit Tokyo next week.（私は来週東京を訪《おとず》れるつもりです。）

I will call you tonight.（私は今夜あなたに電話するつもりです。）

6 接続詞

重要度

when, if, that, because

次の英文の下線部の意味を答えなさい。

- ★ □ 1 I was watching TV when my brother came home.
- □ 2 I went to bed early because I was tired.
- □ 3 If it is rainy tomorrow, I'll stay home.
- □ 4 I know that this movie is interesting.

次の英文の(　　)内の語句を並べかえなさい。文頭の語も小文字になっています。

- ★ □ 5 Do you know (from / she / Canada / is / that)?
- □ 6 I cannot help you (busy / I / because / am).
- □ 7 (a child / when / was / she), she lived in Tokyo.
- □ 8 (like / you / apples / if), please eat this pie.
- □ 9 (hot / it / because / was), I opened the window.

次の英文の＿＿に適切な１語を入れなさい。

- □ 10 具合が悪いなら，薬を飲みなさい。
  Take medicine ______ ______ sick.
- □ 11 あなたはひまなとき，何をしますか。
  What do you do ______ you ______ free?
- ★ □ 12 明日晴れるといいなと思います。
  I hope ______ be sunny tomorrow.

解答

1 兄［弟］が帰宅したとき

2 私は疲《つか》れていたので

3 もし明日雨なら

4 この映画はおもしろいということ

5 that she is from Canada

6 because I am busy
〈接続詞＋主語＋動詞 ～〉

7 When she was a child

8 If you like apples
if ～「～なら」

9 Because it was hot

10 if you're

11 when，are
when ～「～するとき」

12 it'll
接続詞thatを省略した形。

ぷちトク！ if ～やwhen ～の中の動詞の形

条件を表すif ～や時を表すwhen ～では，未来のことも現在形で表す。

例 I will play tennis if it is sunny tomorrow.(明日晴れなら，私はテニスをするつもりです。)
I will go to bed when he comes home. (彼が帰宅したら，私は寝《ね》るつもりです。)

7 不定詞の基本的な使い方

重要度

名詞的用法，副詞的用法，形容詞的用法

次の英文の下線部の意味を答えなさい。

- □ 1 My hobby is to take pictures.
- □ 2 I went to the park to play soccer.
- ★ □ 3 She was surprised to hear the news.
- □ 4 I have a lot of homework to do today.

次の英文の(　　)内の語句を並べかえなさい。文頭の語も小文字になっています。

- ★ □ 5 I (to / buy / want) a new bag.
- ★ □ 6 Do you (have / to / anything) eat?
- □ 7 Why do you study hard?
  — (want / a doctor / because / be / I / to).
- □ 8 I'm (see / happy / you / to) again.

次の英文の____に適切な１語を入れなさい。

- □ 9 彼にはテレビを見る時間がありませんでした。
  He didn't have time ______ ______ TV.
- ★ □ 10 １時間前に雨が降り始めました。
  It began ______ ______ an hour ago.
- □ 11 彼女は夕食を作るために早く帰宅しました。
  She went home early ______ ______ dinner.

解答

1. 写真を撮《と》ること
2. サッカーをするために
3. 聞いて驚《おどろ》きました
4. すべきたくさんの宿題
5. want to buy
6. have anything to
7. Because I want to be a doctor
8. happy to see you
   〈形容詞＋to＋動詞の原形〉で感情の原因を表す。
9. to watch
10. to rain
    〈to＋動詞の原形〉で表す。
11. to make[cook]

ぷちトク！ 形容詞的用法の不定詞の語順

〈-thing＋形容詞＋to＋動詞の原形〉の語順に注意する。

例 Please give me something cold to drink.
〈-thing＋形容詞＋to＋動詞の原形〉

飲むための何か冷たい物
→何か冷たい飲み物

8 不定詞をふくむ特別な形①

重要度

疑問詞＋ to ～

次の英文の下線部の意味を答えなさい。

★ □ 1 I don't know where to go.

□ 2 Do you know how to make cookies?

次の英文の____に適切な１語を入れなさい。

□ 3 私はどちらを買えばよいかわかりません。
I don't know ____ ____ buy.

★ □ 4 今，何をすべきか教えてください。
Please tell me ____ ____ do now.

動詞＋目的語＋ to ～

次の英文の(　　)内の語を並べかえなさい。

★ □ 5 I (to / you / help / want) me.

□ 6 She (me / open / asked / to) the window.

□ 7 Our teacher (told / to / us / read) many books.

次の英文の____に適切な１語を入れなさい。

□ 8 あなたは私にかばんを運んでほしいですか。
Do you ____ me ____ carry your bag?

★ □ 9 私はユイにピアノを弾《ひ》くよう頼《たの》みました。
I ____ Yui ____ play the piano.

□ 10 彼はあなたに何をするように言いましたか。
____ did he tell you ____ do?

解答

1 どこに行けばよいか

2 どのように作るか[作り方]

3 which to
〈疑問詞＋to ～〉

4 what to

5 want you to help

6 asked me to open

7 told us to read
目的語が代名詞のときは目的格にする。

8 want，to
〈want＋人＋to＋動詞の原形〉

9 asked，to
〈ask＋人＋to＋動詞の原形〉

10 What，to

ぷちトク！ 不定詞の意味上の主語

〈動詞＋目的語＋ to ～〉では，目的語が to ～の意味上の主語になる。

例 I want him to be a baseball player.（私は彼に野球選手になってほしいです。）
↑「野球選手になる」のは「彼」

9 不定詞をふくむ特別な形②

重要度

It is ... (for + 人) to ~.

次の英文の意味を答えなさい。

★ □ 1 It is important to learn history.

□ 2 It's easy for me to cook.

次の英文の(　　)内の語を並べかえなさい。文頭の語も小文字になっています。

★ □ 3 It (wash / is / to / necessary) your hands.

□ 4 It's (me / talk / for / to / fun) with children.

□ 5 (hard / for / you / to / it / is) study math?

次の英文の____に適切な1語を入れなさい。

□ 6 あなたにとって早起きは大変ですか。
Is ______ hard ______ you to get up early?

★ □ 7 朝食を食べることは必要です。
______ necessary ______ have breakfast.

★ □ 8 私にとってピアノを弾《ひ》くことは楽しいです。
______ fun ______ ______ to play the piano.

□ 9 彼にとって英語を話すことは難しくありません。
It ______ difficult ______ him ______ speak English.

次の2つの英文がほぼ同じ意味になるように，____に適切な1語を入れなさい。

□ 10 To watch movies is interesting for Yui.
______ is interesting ______ Yui ______ watch movies.

解答

1 歴史を学ぶことは大切です。

2 私にとって料理をすることは簡単です。

3 is necessary to wash

4 fun for me to talk

5 Is it hard for you to
主語itの前にbe動詞isを置く。

6 it，for

7 It's，to

8 It's，for me

9 isn't，for，to
否定文はbe動詞のあとにnotを置く。ここでは短縮形にする。

10 It，for，to

ぷちトク！ 〈It is ... (for + 人) to ~.〉のIt

Itはto以下を指しており，「それは」とは訳さない。

例 It is dangerous to swim in this river.（この川で泳ぐことは危険です。）
└ = To swim in this river「この川で泳ぐこと」

10 動名詞

重要度

主語

次の英文の下線部の意味を答えなさい。

□ 1 Helping sick people is my father's job.

□ 2 Reading books is a lot of fun for me.

次の英文の(　　)内から適切な語を選びなさい。

□ 3 (Listen / Listening) to music is my hobby.

★ □ 4 Drawing pictures (is / are) interesting.

目的語

次の英文の____に適切な1語を入れなさい。

★ □ 5 私はテニスをして楽しみました。
I ______ ______ tennis.

□ 6 彼女は自分の部屋を掃除《そうじ》し終えました。
She ______ ______ her room.

★ □ 7 ボブは踊《おど》るのが得意です。
Bob is good at ______.

□ 8 私を招いてくれてありがとう。
Thank you for ______ me.

補語

次の英文の(　　)内の語句を並べかえなさい。

★ □ 9 My (is / collecting / hobby) old coins.

□ 10 My (is / sister's job / teaching) music.

解答

1 病気の人々を助けること

2 本を読むこと

3 Listening

4 is
主語となる動名詞は3人称単数扱い。

5 enjoyed playing

6 finished cleaning

7 dancing

8 inviting
Thank you for ～ing.「～してくれてありがとう。」

9 hobby is collecting

10 sister's job is teaching

ぷちトク! 不定詞のみ，動名詞のみを目的語にとる動詞

不定詞のみ，動名詞のみを目的語にとる動詞がある。

例 不定詞のみ：want to ～(～したい)，decide to ～(～することを決める) など

動名詞のみ：enjoy ～ing(～することを楽しむ)，finish ～ing(～し終える) など

11 助動詞

重要度

must, have to ～

次の英文の____に適切な１語を入れなさい。

□ **1** 私は行かなければなりません。
I ______ ______ go.

□ **2** 学生は熱心に勉強しなければなりません。
Students ______ study hard.

□ **3** あなたは皿を洗う必要はありません。
You don't ______ ______ wash the dishes.

次の各組の英文がほぼ同じ意味になるように，
____に適切な１語を入れなさい。

★ □ **4** My sister must make breakfast.
My sister ______ ______ make breakfast.

★ □ **5** Don't take pictures here.
You ______ ______ pictures here.

次の英文を（　　）内の指示に従って書きかえるとき，____に適切な１語を入れなさい。

★ □ **6** Must I get up early tomorrow?（Noで答える文に）
No, you ______ ______ ______.

□ **7** He has to clean his room.（疑問文に）
______ he ______ ______ clean his room?

★ □ **8** I must take care of my brother.（過去の文に）
I ______ ______ take care of my brother.

解答

1 have to

2 must

3 have to

4 has to
主語が３人称単数なので，has toにする。

5 mustn't take
解答欄の数に合わせて短縮形にする。

6 don't have to
「必要がない」という応答にする。

7 Does，have to
一般動詞の疑問文と同じ。

8 had to
haveを過去形にする。

ぷちトク！ mustとhave to ～の否定文

mustとhave to ～は否定文では意味が異なる。

例 You must not go there.（あなたはそこに行ってはいけません。）〔禁止〕
You don't have to go there.（あなたはそこに行く必要はありません。）〔不必要〕

12 助動詞を使った表現

重要度

依頼・許可・申し出・勧誘の表現

次の英文の下線部の意味を答えなさい。

- ★ □ 1 Will you open the door?
- □ 2 May I use these pens?
- □ 3 Shall I carry your bag?
- ★ □ 4 Shall we eat lunch?

次の英文の(　　)内から適切な語句を選びなさい。

- □ 5 質問してもいいですか。
  (May I / Will you) ask some questions?
- □ 6 コーヒーはいかがですか。
  (Would you / Shall we) like some coffee?
- □ 7 あなたに朝食を作りましょうか。
  Shall (I / you) cook breakfast for you?
- □ 8 明日，私の家に来てくれませんか。
  (Will you / Do you) come to my house tomorrow?

次の各組の英文がほぼ同じ意味になるように，
____に適切な１語を入れなさい。

- ★ □ 9 Let's start cleaning this afternoon.
  ____ ____ start cleaning this afternoon?
- ★ □ 10 Please play the piano for me.
  ____ ____ play the piano for me?

解答

1 開けてくれませんか

2 使ってもいいですか

3 運びましょうか

4 食べましょうか

5 May I

6 Would you

7 I

8 Will you
依頼《いらい》の表現。

9 Shall we
相手を誘《さそ》う表現。

10 Will [Can，Would，Could] you

ぷちトク！ Shall I ～？とShall we ～？

Shall I ～？は相手に申し出るとき，Shall we ～？は相手を誘うときに使う。

例 Shall I move these chairs?(これらのいすを移動させましょうか。)←動かすのは「私」
Shall we move these chairs?(これらのいすを移動させましょうか。)←動かすのは「私たち」

13 比較①(-er, -est)

重要度

比較級(-er)・最上級(-est)

次の(　　)内の語を適切な形に変えて____に入れなさい。

1 This room is ____ than that one.（large）

★ 2 My dog is the ____ of the five.（big）

★ 3 I get up ____ than my brother.（early）

4 Mt. Fuji is the ____ mountain in Japan.(high)

次の英文の____に適切な１語を入れなさい。

5 あなたはエミよりも忙《いそが》しいです。
You are ____ ____ Emi.

6 今日は昨日より暑いです。
It's ____ today ____ yesterday.

★ 7 ベンはクラスでいちばん速く走ります。
Ben runs the ____ ____ his class.

8 これはこれらの問題の中でいちばん簡単です。
This is ____ ____ of these questions.

次の各組の英文がほぼ同じ意味になるように，____に適切な１語を入れなさい。

★ 9 This movie is shorter than that one.
That movie is ____ ____ this one.

★ 10 Yui is older than Kate.
Kate is ____ ____ Yui.

解答

1 larger

2 biggest

3 earlier

4 highest
〈the＋最上級＋名詞〉は「いちばん～な…」という意味。

5 busier than

6 hotter，than

7 fastest in
前にtheがあるので最上級。

8 the easiest

9 longer than
「あの映画はこの映画より長いです。」

10 younger than
「ケイトはユイより若いです。」

ぷちトク! inとofの使い分け

最上級の文で「～の中で」と言うとき，inとofを使い分ける。

〈in＋範囲《はんい》や場所を表す語句〉　例 in my town, in my class, in Tokyo

〈of＋数や複数を表す語句〉　例 of the three, of all

14 比較②(more, most)

重要度

比較級(more ～)・最上級(most ～)

次の(　　)内の語を適切な形に変えて____に入れなさい。ただし，１語とは限りません。

□ 1 This song is ____ than that one.（popular）

★ □ 2 She drives ____ than her sister.（carefully）

★ □ 3 He is the ____ person in my town.（famous）

□ 4 This movie is the ____ of the three.（exciting）

次の英文の____に適切な１語を入れなさい。

□ 5 このコンピューターはあのコンピューターより役に立ちます。
This computer is ____ ____ ____ that one.

□ 6 このかばんは５つの中でいちばん高価です。
This bag is ____ ____ expensive ____ the five.

□ 7 健康がすべての中で最も大切です。
Health is the ____ ____ of all.

次の各組の英文がほぼ同じ意味になるように，____に適切な１語を入れなさい。

★ □ 8 Bob speaks English more slowly than Ann.
Ann speaks English ____ ____ Bob.

★ □ 9 Math is easier than English for me.
English is ____ ____ than math for me.

解答

1 more popular

2 more carefully

3 most famous

4 most exciting

5 more useful than
「～より…」は〈比較級＋than ～〉で表す。

6 the most，of
形容詞の最上級の前にはtheが必要。

7 most important

8 faster than
「アンはボブより速く英語を話します。」という文に。

9 more difficult
「私にとって英語は数学より難しいです。」という文に。

ぷちトク！ 比較級・最上級でmore，mostをつける語

長いつづりの語や-ful，-ing，-lyなどで終わる語は前にmore，mostをつける。
例 important(重要な)，wonderful(すばらしい)，boring(退屈な)，slowly(ゆっくりと)など
※ただし，earlyは例外。early-earlier-earliest

15 比較③ (as ～ as ..., better, best)

重要度

as ～ as ...

解答

次の英文の下線部の意味を答えなさい。

★ □ 1 This picture is as beautiful as that one.

1 同じくらい美しい

□ 2 My bike isn't as new as his.

2 彼のものほど新しくない

次の英文の＿＿に適切な１語を入れなさい。

□ 3 私はあなたと同い年です。
I'm ＿＿ ＿＿ ＿＿ you.

3 as old as

□ 4 ケンはタクほど速く走れません。
Ken ＿＿ run ＿＿ fast ＿＿ Taku.

4 cannot[can't]，as，as
「…ほど～ない」は〈not as ～ as ...〉で表す。

better, best

次の英文の下線部の意味を答えなさい。

□ 5 I like dogs better than cats.

5 ネコよりイヌが好きです

□ 6 Saki speaks English the best in her class.

6 いちばん上手に英語を話します

次の英文の＿＿に適切な１語を入れなさい。

★ □ 7 彼女はトムより上手に歌います。
She sings ＿＿ ＿＿ Tom.

7 better than
wellの比較級を用いる。

★ □ 8 私はすべての教科の中で理科がいちばん好きです。
I like science ＿＿ ＿＿ of all the subjects.

8 the best

□ 9 このカメラはすべての中でいちばんよいです。
This camera is ＿＿ ＿＿ of all.

9 the best
goodの最上級を用いる。

ぷちトク！ as ～ as ...の否定文と比較級の書きかえ

as ～ as ...の否定文は，比較級の文に書きかえることができる。

例 This book isn't as difficult as that one.（この本はあの本ほど難しくありません。）
This book is easier than that one. / That book is more difficult than this one.

16 比較④ (いろいろな比較の文)

重要度

疑問詞で始まる比較の文

次の英文の____に適切な１語を入れなさい。

□ **1** トムとボブではどちらのほうが背が高いですか。
― トムです。
______ is ______, Tom ______ Bob? ― Tom ______.

★ □ **2** あなたは英語と数学ではどちらのほうが好きですか。― 私は英語のほうが好きです。
______ do you like ______, English ______ math?
― I like English ______.

□ **3** あなたの家族でだれがいちばん早く起きますか。
― 母です。
______ gets up the ______ ______ your family?
― My mother ______.

解答

1 Who，taller，or，is
人を比べるときはふつうwhichではなくwhoを用いる。

2 Which，better，or，better

3 Who，earliest in，does

いろいろな比較の文

次の英文の下線部の意味を答えなさい。

□ **4** This is one of the most popular songs.

★ □ **5** Run as fast as you can.

次の各組の英文がほぼ同じ意味になるように，____に適切な１語を入れなさい。

□ **6** Ken sings the best in the class.
Nobody in the class sings as ______ ______ Ken.

★ □ **7** Tokyo is the biggest city in Japan.
Tokyo is ______ than ______ ______ city in Japan.

解答

4 もっとも人気がある歌の１つ

5 できるだけ速く
〈as＋原級＋as＋主語＋can〉「できるだけ～」

6 well as

7 bigger，any other
〈比較級＋any other＋単数名詞〉「ほかのどの～よりも…」

ぷちトク！ 最上級⇔比較級の書きかえ

最上級の文は，比較級の文で書きかえることができる。

例 Mt. Fuji is the highest mountain in Japan.
＝Mt. Fuji is higher than any other mountain in Japan.

17 いろいろな文の構造

重要度

〈主語＋動詞＋補語〉 SVC

次の英文の（　　）内から適切な語を選びなさい。

★ □ 1 You (see / look / watch) happy.

□ 2 She (became / got) a writer.

〈主語＋動詞＋目的語＋目的語〉 SVOO

次の英文の（　　）内の語句を並べかえなさい。

□ 3 My father (a cap / gave / me).

□ 4 I (Emily / made / some sandwiches).

次の各組の英文がほぼ同じ意味になるように，＿＿に適切な１語を入れなさい。

★ □ 5 I showed her some pictures.
I showed some pictures ＿＿ her.

★ □ 6 He bought me some flowers.
He bought some flowers ＿＿ me.

□ 7 Mr. Smith tells us interesting stories.
Mr. Smith tells interesting stories ＿＿ us.

〈主語＋動詞＋目的語＋補語(名詞)〉SVOC

次の英文の下線部の意味を答えなさい。

★ □ 8 This song makes her happy.

□ 9 My friends call me Jun.

□ 10 We named the cat Tama.

解答

1 look

2 became
動詞のあとが名詞であることに注目する。

3 gave me a cap

4 made Emily some sandwiches

5 to
toをとる動詞→show, give, tellなど

6 for
forをとる動詞→buy, makeなど

7 to

8 彼女を幸せにします

9 私をジュンと呼びます

10 そのネコをタマと名付けました

ぷちトク！ SVOOとSVOCの見分け方

SVOOはO≠O，SVOCはO＝Cの関係が成り立つ。

例 We made him lunch. （私たちは彼に昼食を作りました。）him ≠ lunch → SVOO

I made him sad. （私は彼を悲しませました。）him = sad → SVOC

18 受け身①

重要度

受け身の文

次の英文の(　　)内から適切な語句を選びなさい。

★ ☐ 1 This room is (cleaning / cleaned) every day.

☐ 2 These cakes (was / were) made by Kana.

☐ 3 The boys are (playing / played) soccer over there.

☐ 4 Mr. Sasaki (is liked / likes) by his students.

次の英文の____に適切な1語を入れなさい。

☐ 5 これらの本はシェイクスピアによって書かれました。
These books ______ ______ by Shakespeare.

★ ☐ 6 あの写真はハワイで撮《と》られました。
That picture ______ ______ in Hawaii.

★ ☐ 7 このコンピューターはタクによって使われます。
This computer ______ ______ ______ Taku.

次の各組の英文がほぼ同じ意味になるように，____に適切な1語を入れなさい。

☐ 8 My father built our house.
Our house ______ ______ ______ my father.

★ ☐ 9 We can see Mt. Fuji from here.
Mt. Fuji can ______ ______ from here.

解答

1 cleaned

2 were

3 playing
現在進行形の文。

4 is liked
by ～「～によって」

5 were written
主語が複数で過去の文。

6 was taken
主語が単数で過去の文。

7 is used by
主語が単数で現在の文。

8 was built by
上の文の時制は過去。

9 be seen

ぷちトク! 助動詞をふくむ受け身の文

助動詞をふくむ文を受け身にするときは，〈助動詞＋be＋過去分詞〉の形。

例 Ken must do the work.　(ケンはその仕事をしなければなりません。)
The work must be done by Ken.(その仕事はケンによってされなければなりません。)

19 受け身②

重要度

受け身の否定文・疑問文

次の英文の(　　)内から適切な語を選びなさい。

□ **1** This game (isn't / didn't) played by young people.

□ **2** (Is / Was / Did) the fish cooked by Amy yesterday?
— No, it (isn't / wasn't / didn't).

次の英文の____に適切な1語を入れなさい。

★ □ **3** この国では英語は話されていません。
English ____ ____ in this country.

□ **4** これらの本は多くの学生に読まれましたか。
____ these books ____ ____ many students?

★ □ **5** この花は日本語で何と呼ばれていますか。
What ____ this flower ____ in Japanese?

次の各組の英文がほぼ同じ意味になるように，
____に適切な1語を入れなさい。

★ □ **6** Ms. Sato doesn't teach math.
Math ____ ____ ____ Ms. Sato.

★ □ **7** Did your father make the chair?
____ the chair ____ ____ your father?

□ **8** What did she give you?
What ____ ____ to you by her?

解答

1 isn't
過去分詞が続くので受け身の文。

2 Was，wasn't
疑問文は〈be動詞＋主語＋過去分詞 ～?〉の形。

3 isn't spoken

4 Were，read by
主語が複数で過去の疑問文。

5 is，called

6 isn't taught by

7 Was，made by

8 was given
whatが主語のときは3人称単数扱い。

ぷちトク！ SVOOの受け身の文

Oにあたる語をそれぞれ主語にして2通りの受け身の文を作ることができる。

例 Ken gave Yumi this.→Yumi was given this by Ken.(ユミはケンによってこれを与えられました。)
(ケンはユミにこれを与えました。)　This was given to Yumi by Ken.(これはケンによってユミに与えられました。)

20 現在完了①(完了・結果)

重要度

「～したところです」「～しました」

解答

次の英文の(　　)内から適切な語を選びなさい。

☆ □ 1 I've already (ate / eaten) breakfast.

□ 2 (Did / Have) you finished your homework yet?
— No, I (didn't / haven't).

次の英文の下線部の意味を答えなさい。

☆ □ 3 The soccer game has just started.

□ 4 I have already read this book.

☆ □ 5 She hasn't left home yet.

次の英文の____に適切な１語を入れなさい。

□ 6 その電車はちょうど駅に着いたところです。
The train ____ ____ arrived at the station.

□ 7 私の両親はまだ帰宅していません。
My parents ____ come home ____.

□ 8 あなたはもうその映画を見ましたか。
____ you ____ the movie ____?

次の２つの英文がほぼ同じ意味になるように，
____に適切な１語を入れなさい。

☆ □ 9 I lost my umbrella. I don't have it now.
I ____ ____ my umbrella.

解答

1 eaten

2 Have，haven't
疑問文は〈Have[Has]＋主語＋過去分詞 ～?〉の形。答えの文でも have[has] を使う。

3 ちょうど始まったところです

4 すでに読んでしまいました

5 まだ家を出ていません

6 has just

7 haven't，yet
yet は否定文で「まだ」。

8 Have，seen[watched]，yet
yet は疑問文で「もう」。

9 have lost
lose-lost-lost と活用する。

ぷちトク！ 過去の文と現在完了の文のちがい

過去の文は単に過去にあったこと，現在完了の文は過去と現在のつながりを表す。

例 I lost my pen. →ペンをなくした(過去) ※見つかったかどうか不明

I have lost my pen. →ペンをなくして(過去)，まだ見つかっていない(現在)

21 現在完了②(経験)

重要度

「～したことがあります」

次の英文の下線部の意味を答えなさい。

□ 1 I have read this book many times.

★ □ 2 She has never eaten *natto*.

★ □ 3 Have you ever walked in this park?

次の英文の＿＿に適切な１語を入れなさい。

□ 4 私の父は２回富士山に登ったことがあります。
My father ＿＿＿ ＿＿＿ Mt. Fuji ＿＿＿.

★ □ 5 私は一度もカナダに行ったことがありません。
I ＿＿＿ ＿＿＿ ＿＿＿ to Canada.

□ 6 アイは今までに彼と話したことがありますか。
― はい，あります。
＿＿＿ Ai ＿＿＿ ＿＿＿ with him?
― Yes, she ＿＿＿.

次の英文の(　　)内の語を並べかえなさい。文頭の語も小文字になっています。

□ 7 We (met / once / him / have).

□ 8 I (such / never / have / seen / a / picture / beautiful).

★ □ 9 (many / watched / how / have / times / you) the movie?

解答

1 読んだことがあります

2 一度も食べたことがありません

3 あなたは今までに歩いたことがありますか

4 has climbed，twice
回数を表す語句はふつう文末に置く。

5 have never been

6 Has，ever talked，has
疑問文はHave[Has]を主語の前に置く。答えるときもhave[has]を使う。

7 have met him once

8 have never seen such a beautiful picture

9 How many times have you watched
回数をたずねるときはHow many timesで文を始める。

ぷちトク！「～回」の表し方

「1回」はonce，「2回」はtwice，3回以上は<数＋times>と表す。

例 I have been to the restaurant once.(私は1回そのレストランに行ったことがあります。)
I have been to the restaurant three times.(私は3回そのレストランに行ったことがあります。)

22 現在完了③（継続）

重要度

「（ずっと）～しています」

解答

次の英文の____にforまたはsinceのどちらか適切な語を入れなさい。

★ □ 1 I have lived here ______ ten years.

1 for

★ □ 2 It has been rainy ______ yesterday.

2 since

□ 3 I've wanted the bike ______ a long time.

3 for
「長い間」はfor a long time。

次の英文の下線部の意味を答えなさい。

□ 4 She <u>has been sick</u> for three days.

4 ずっと具合が悪いです

★ □ 5 I have known her <u>since she was a child</u>.

5 彼女が子どもの頃から

次の英文の____に適切な1語を入れなさい。

□ 6 私たちは昨年からずっと仲のよい友達です。
We ______ ______ good friends ______ last year.

6 have been, since

□ 7 私は2020年からクミに会っていません。
I ______ ______ seen Kumi since 2020.

7 have not

★ □ 8 ケンはどのくらいの間英語を勉強していますか。
How ______ ______ Ken studied English?

8 long has

次の2つの英文がほぼ同じ意味になるように，____に適切な1語を入れなさい。

□ 9 He came to Japan two weeks ago, and he is still in Japan.
He ______ ______ in Japan ______ two weeks.

9 has been[stayed], for

ぷちトク! forとsinceの使い分け

〈for＋期間を表す語句〉，〈since＋起点を表す語句〉で使い分ける。

例 for two days「2日間」，for a week「1週間」，since 2019「2019年から」，since I was five「私が5歳《さい》の頃から」← 〈since＋主語＋動詞 ～〉も可。

ぷち まとめ

慣用表現・会話表現の確認

道案内の表現

I'm looking for Higashi Station.	私は東駅を探しています。
Could you tell me the way to the station?	駅への道を教えていただけませんか。
Go along this street.	この通り沿いに行ってください。
Turn right at the third corner.	３つ目の角を右に曲がってください。
You'll see the library on your left.	左手に図書館が見えます。

買い物の表現

Can I help you?	いらっしゃいませ。
Do you have a smaller one?	もっと小さいのはありますか。
Can I try it on?	試着してもいいですか。
I'm just looking.	見ているだけです。

体調をたずねる・答える

What's wrong?	どうしましたか。
I have a stomachache.	おなかが痛いです。
I feel sick.	気分が悪いです。
Take this medicine.	この薬を飲みなさい。

相手を誘《さそ》う・応じる・断る

Why don't we go shopping?	買い物に行きませんか。
Shall we eat lunch?	昼食を食べましょうか。
Sure.	もちろん。
I'm afraid I can't. I have a piano lesson.	残念ですが，できません。ピアノのレッスンがあります。

依頼《いらい》する

Can you open the door?	ドアを開けてもらえますか。
I'd like some tea.	お茶をいただきたいです。
May I ask you a favor?	お願いしてもいいですか。
Could you lend me your pen?	あなたのペンを貸してくださいますか。

電話をかける・受ける

May I speak to Jane, please?	ジェーンをお願いできますか。
Speaking.	私です。
She is out now.	彼女は今，外出しています。
Can I take a message?	伝言をうかがいましょうか。

JAPANESE

国語

1 熟語の構成①

重要度

熟語の構成

次の下線部の熟語と，構成（組み立て）が同じものを選びなさい。

- □ 1 縦横 〔避難《ひなん》　利害　非力　幸福〕
- ★ □ 2 善人 〔親友　往復　加熱　人造〕
- □ 3 永遠 〔自然　洗顔　和食　樹木〕
- □ 4 雷鳴《らいめい》 〔始終　国立　個性　最善〕
- □ 5 無限 〔停止　寒暖　減少　不安〕
- □ 6 知性 〔未来　思考　美化　黒板〕
- □ 7 模試 〔消化　未知　苦労　日銀〕
- ★ □ 8 乗車 〔就職　新年　公私　特急〕

熟語の構成が同じものの組み合わせを選びなさい。

- □ 9 ア 因果―断続　イ 私立―国連　ウ 個性―尊敬　エ 登校―温泉
- □ 10 ア 入試―直線　イ 緩急《かんきゅう》―無罪　ウ 河川《かせん》―未明　エ 納税―帰国
- □ 11 ア 突然《とつぜん》―勝敗　イ 豊富―山頂　ウ 頭痛―日照　エ 開会―骨折
- □ 12 ア 洗顔―助長　イ 速読―海路　ウ 不安―表裏　エ 経緯《けいい》―絵画
- ★ □ 13 ア 決心―高校　イ 強風―造船　ウ 善悪―新年　エ 救助―映写

解答

1 利害

2 親友

3 樹木

4 国立

5 不安

6 美化

7 日銀

8 就職
「特急」は「特別急行」の略語。

9 ア
上の漢字と下の漢字の意味が対《つい》になっている。

10 エ
下の漢字が上の漢字の目的や対象になっている。

11 ウ
上の漢字が主語，下の漢字が述語になっている。

12 イ
上の漢字が下の漢字に対してくわしく説明している。

13 エ
似た意味どうしの漢字。

ぷちトク！ 熟語の構成を見分けるコツ

① 漢字の意味を一字ずつ考える。

② それぞれの漢字のつながり方を確認《かくにん》する。

2 熟語の構成②

重要度

熟語の構成

次の下線部の熟語と，構成（組み立て）が同じものを選びなさい。

- □ **1** 松竹梅 〔雪月花　多数決　無期限〕
- □ **2** 会議室 〔大容量　成人式　抽象《ちゅうしょう》的〕
- □ **3** 小細工 〔非効率　先入観　直談判《じかだんぱん》〕
- ★ □ **4** 積極的 〔天地人　自主性　間一髪《かんいっぱつ》〕
- ★ □ **5** 未完成 〔几帳面《きちょうめん》　不定期　紙一重〕

熟語の構成が同じものの組み合わせを選びなさい。

□ **6**
ア　針小棒大—悪戦苦闘《あくせんくとう》
イ　意気消沈《いきしょうちん》—本末転倒《ほんまつてんとう》
ウ　起承転結—精密機械

□ **7**
ア　右往左往—一進一退
イ　永久不滅《えいきゅうふめつ》—千差万別《せんさばんべつ》
ウ　完全無欠—我田引水《がでんいんすい》

□ **8**
ア　春夏秋冬—自由自在
イ　一喜一憂《いっきいちゆう》—東西南北
ウ　急行列車—郵便切手

★ □ **9**
ア　大器晩成—有名無実
イ　花鳥風月—喜怒哀楽《きどあいらく》
ウ　終始一貫《しゅうしいっかん》—公明正大

□ **10**
ア　老若男女《ろうにゃくなんにょ》—古今東西
イ　悪口雑言—前後左右
ウ　意味深長—日進月歩

解答

1 雪月花

2 成人式

3 直談判

4 自主性

5 不定期
「不・無・非・未」は打ち消しの意味を表す接頭語。

6 イ
前の二字が主語，あとの二字が述語の関係。

7 ア
前の二字とあとの二字が反対の意味の関係。

8 ウ
前の二字があとの二字を修《しゅう》飾《しょく》している。

9 イ
四字がそれぞれ対等な関係。

10 ア
反対の意味の二字熟語を組み合わせたもの。

ぷちトク！ 漢字一字と二字の組み合わせの三字熟語

頭に打ち消しの「不・無・非・未」がつくものや，あとに意味をそえる「的・性・化」のつくものがある。例 不自然　無条件　積極的　近代化

3 同訓異字

重要度

同じ訓読みの漢字

次の下線部のカタカナを漢字に直しなさい。

□ **1** ① 新しい記録をウむ。
② 猫《ねこ》が子をウむ。

★□ **2** ① 年のハジめの挨拶《あいさつ》。
② 新しい事業をハジめる。

★□ **3** ① こわれた道具をナオす。
② 風邪《かぜ》をナオす。

次の下線部のカタカナにあてはまる漢字を選びなさい。

□ **4** 来週の日程をアける。
〔開　空　明〕

□ **5** 電気代をオサめる。
〔修　収　納〕

★□ **6** 鏡に自分の姿をウツす。
〔写　映　移〕

□ **7** 粘土《ねんど》をカタで抜《ぬ》く。
〔方　型　形〕

□ **8** 直射日光で体の表面がアツい。
〔熱　厚　暑〕

□ **9** 次の駅で電車を乗りカえる。
〔変　代　換〕

解答

1 ① 生　② 産

2 ① 初　② 始

3 ① 直　② 治

4 空

5 納

6 映
「写す」は複製（コピー），「映す」は反射や投影《とうえい》。

7 型
金ガタ，鋳《い》ガタ，カタ抜きなどの熟語から考える。

8 熱
「熱い」の対義語は「冷たい」，「暑い」の対義語は「寒い（涼《すず》しい）」。

9 換

ぷちトク！ 同訓異字の使い分け

① それぞれの漢字を使った熟語を考える。（例 速い→速度，早い→早朝）
② 文中の意味としてふさわしいほうを選ぶ。（例 あの選手は足がハヤい。→速い）

4 同音異義語

重要度

同じ読み方の熟語

次の下線部のカタカナを漢字に直しなさい。

□ **1** ① 選挙へのカンシンが高まる。
② 懸命《けんめい》にとり組む姿にカンシンする。

★ □ **2** ① 次の授業は体育館へイドウする。
② 来月から違《ちが》う部署へイドウする。

□ **3** ① 苦痛からカイホウされる。
② 窓をカイホウして換気《かんき》する。

★ □ **4** ① 利益をツイキュウする。
② 学問をツイキュウする。

次の下線部のカタカナにあてはまる漢字を選びなさい。

★ □ **5** 必要な費用をセイサンする。
〔清算　精算　成算〕

□ **6** 中学校のカテイを終える。
〔過程　課程　仮定〕

□ **7** 有名な画家にシジする。
〔指示　支持　師事〕

□ **8** 間違ってシンニュウ禁止の道に入る。
〔侵入　浸入　進入〕

□ **9** 教授のコウエンをききにいく。
〔公園　講演　公演〕

解答

1 ① 関心　② 感心

2 ① 移動　② 異動

3 ① 解放　② 開放
①トきハナつ，②アけハナつから漢字を考える。

4 ① 追求　② 追究
①おいもとめる，②本質をあきらかにしようとすること。

5 精算
「清算」は，関係をきれいに処理するという意味。

6 課程
「過程」はものごとが進行する道筋。

7 師事

8 進入

9 講演

ぷちトク！ 同音異義語の使い分け

文中での使われ方から熟語の意味を考えてふさわしいほうを選ぶ。熟語の漢字それぞれを訓読みにするのもよい。（例 再会→再び会う　再開→再び開く）

5 漢字・熟字訓の読み

重要度

漢字・熟字訓の読み

次の下線部の漢字の読みを答えなさい。

□ 1 物陰《ものかげ》に潜む。

□ 2 緑が鮮やかな季節。

★ □ 3 大きな荷物を携える。

□ 4 弾むような笑い声。

□ 5 じっと耳を澄ます。

★ □ 6 事件の核心に触《ふ》れる。

□ 7 美術鑑賞を楽しむ。

□ 8 送迎用のバスに乗り込《こ》む。

□ 9 投稿《とうこう》した作品が雑誌に掲載される。

□ 10 大きな声で挨拶をする。

★ □ 11 需要と供給のバランス。

□ 12 突如として動きが活発になる。

□ 13 恋人《こいびと》を両親に紹介する。

★ □ 14 端的に話すことを心がける。

□ 15 風邪が快復する。

□ 16 相撲の起源を調べる。

□ 17 旅行のお土産にお菓子《かし》をもらう。

□ 18 田舎の景色を描《えが》く。

解答

1 ひそ

2 あざ

3 たずさ

4 はず

5 す

6 かくしん　中核の重要な部分。

7 かんしょう

8 そうげい

9 けいさい

10 あいさつ

11 じゅよう

12 とつじょ

13 しょうかい

14 たんてき　要点を押《お》さえる。

15 かぜ

16 すもう

17 みやげ

18 いなか

ぷちトク！ 熟字訓の読みと音読みがあることば

昨日（きのう・さくじつ）　明日（あす・みょうにち）　五月（さつき・ごがつ）
眼鏡（めがね・がんきょう）　紅葉（もみじ・こうよう）　などがある。

6 漢字の書き・送りがな

重要度

漢字の書き・送りがな

次の下線部のカタカナを漢字と送りがなに直しなさい。

- ★ □ 1 キビシイ言い方をする。
- □ 2 明日の予定をワスレル。
- □ 3 うそではないかとウタガウ。
- ★ □ 4 社会見学の班をヒキイル。
- □ 5 先祖をウヤマウ。
- □ 6 点数の差がチヂマル。
- □ 7 名所旧跡《きゅうせき》をタズネル旅。
- □ 8 正しい道にミチビク。
- □ 9 日がクレル。
- □ 10 イキオイをつけてとぶ。
- ★ □ 11 真実をタシカメル。
- □ 12 服装がミダレル。
- ★ □ 13 ムズカシイ問題を解く。
- □ 14 オサナイ弟と遊ぶ。
- □ 15 若くして政治家をココロザス。
- □ 16 順番にナラベル。
- □ 17 アタタカイ部屋で寝《ね》る。

解答

1 厳しい
2 忘れる
3 疑う
4 率いる　送りがなに注意する。
5 敬う
6 縮まる
7 訪ねる
8 導く
9 暮れる
10 勢い
11 確かめる
12 乱れる
13 難しい
14 幼い
15 志す
16 並べる
17 暖かい　「温かい」との使い分けに注意する。

ぷちトク！ 送りがなの決まり

活用する語の送りがなの決まりを覚えておくとよい。語幹が「し」で終わるもの(美しい，楽しい)，「か」「やか」「らか」をふくむもの(和《なご》やかだ，朗《ほが》らかだ)など。

7 活用する自立語①

重要度

用言（動詞・形容詞・形容動詞）と補助用言

次の下線部の語の品詞を，あとから選びなさい。

□ **1** この電球は，とても明るい。

□ **2** スポーツマンの兄は，よく食べる。

★ □ **3** このマンガは，あまりおもしろくない。

★ □ **4** あの人は，だれにでも丁寧《ていねい》な口調で話しかける。

□ **5** 子どもたちが，公園で遊んでいる。

★ □ **6** 中学生になった弟は，一段とたくましくなった。

□ **7** 志望校に入るには，もっと勉強しないといけないよ。

〔 動詞　補助動詞　形容詞　補助形容詞　形容動詞 〕

解答

1 形容詞

2 動詞

3 補助形容詞
この「ない」は前に「は」を入れることができる。

4 形容動詞
終止形は「丁寧だ」。

5 補助動詞

6 形容詞

7 動詞
終止形は「勉強する」。動詞「する」は，複合動詞の「名詞＋する」をつくる。

自動詞・他動詞

次の下線部の動詞は，自動詞と他動詞のどちらか，答えなさい。

□ **8** ぼくは，毎朝五時に起きる。

□ **9** 弟の趣味《しゅみ》は，切手を集めることだ。

□ **10** 父は，ゴミを捨てる日を間違《まちが》えてしまった。

□ **11** 彼《かれ》は，ベッドに横たわるとすぐに目を閉じた。

8 自動詞

9 他動詞

10 他動詞

11 自動詞

ぷちトク！ 可能動詞

「～できる」という意味の動詞を可能動詞という。

例 飛ぶ→飛べる　　読む→読める　　歌う→歌える

8 活用する自立語②

重要度

動詞の活用の種類

次の下線部の動詞の活用の種類を，あとから選びなさい。

★ □ 1 今年も暑い夏が来る。

□ 2 あの投手は，速いボールを投げる。

★ □ 3 食事をする前には，手を洗おう。

□ 4 少し行くと，右側に郵便局がある。

□ 5 一週間に一冊，図書館で本を借りる。

〔 五段活用　上一段活用　下一段活用　カ行変格活用　サ行変格活用 〕

用言（動詞・形容詞・形容動詞）の活用形

次の下線部の用言の活用形を，あとから選びなさい。

□ 6 山の頂上から見た日の出は，美しかった。

□ 7 元気な子どもたちが野球をしている。

★ □ 8 教室の中では静かにしろ。

★ □ 9 おかしければ，笑ってもいいよ。

□ 10 今年の祭りは，きっとにぎやかだろう。

□ 11 難しい問題についてよく考える。

〔 未然形　連用形　終止形　連体形　仮定形　命令形 〕

解答

1 カ行変格活用

2 下一段活用

3 サ行変格活用

4 五段活用

5 上一段活用

カ行変格活用とサ行変格活用以外の動詞はあとに「ない」をつけて「ない」の直前の音の変化で見分ける。

- ア段＝五段活用
- イ段＝上一段活用
- エ段＝下一段活用

6 連用形

7 連体形

8 命令形

9 仮定形

10 未然形

11 終止形

あとにつながる言葉から考える。形容詞と形容動詞には，命令形はない。

ぷちトク！ 音便

五段活用の動詞の連用形の活用語尾《ごび》は，「い・ん・っ」の形になるものがある。

イ音便…書く→書いた　撥音《はつおん》便…読む→読んだ　促音《そくおん》便…走る→走った

9 活用しない自立語

重要度

名詞・副詞・連体詞・接続詞・感動詞

次の下線部の語の品詞を，あとから選びなさい。

□ **1** 雨が降り，しかも，風もふいてきた。

□ **2** おかしな話を小耳にはさんだ。

□ **3** もしもし，山田《やまだ》さんですか。

□ **4** 12月に入り，めっきり寒くなった。

□ **5** まるで春のような暖かさだ。

□ **6** この本は，前にも読んだことがある。

□ **7** ここは，団地の集会所だ。

□ **8** 六人，つまり，全員が出席しました。

□ **9** さようなら，また会いましょう。

□ **10** 夏が過ぎて，すっかり秋になった。

〔 名詞　副詞　連体詞　接続詞　感動詞 〕

★ □ **11** 次の下線部の語が連体詞のものを選びなさい。
ア　小さい貝がらを拾いました。
イ　小さな貝がらを拾いました。

★ □ **12** 次の下線部の語が副詞のものを選びなさい。
ア　すでに明るくなっていました。
イ　弟は，まじめに勉強しています。

解答

1 接続詞

2 連体詞

3 感動詞

4 副詞

5 副詞　「ような」に呼応している。

6 連体詞

7 名詞

8 接続詞

9 感動詞

10 副詞
「が」や「は」などをつけて主語になれるのが名詞。

11 イ
ともに連体修飾《しゅうしょく》語。活用の有無から判断する。

12 ア
活用する自立語は終止形の終わり方で品詞がわかる。

ぷちトク！ 品詞の識別

活用するか活用しないか，文の成分などから判断する。

例 兄も，また，弟も，見た。
文の成分は接続語→接続詞

今日も，また雨が降った。
文の成分は修飾語→副詞

10 活用する付属語

重要度

助動詞の意味

次の下線部の助動詞の意味を，あとから選びなさい。

□ 1 天気予報によると，雨が降るそうだ。

□ 2 あの映画は，ぜひ見たいと思っている。

□ 3 3日前，友人に映画館で会った。

□ 4 あの人は，どうやらお医者さんらしい。

□ 5 トマトを食べ残し，母から注意される。

□ 6 ぼくも，その本を読もう。

□ 7 この暑さは，まるで夏のようだ。

□ 8 妹に本を読ませる。

□ 9 この問題は，容易に答えられる。

〔 たとえ　希望　使役《しえき》　意志　伝聞
受け身　推定　可能　過去 〕

助動詞の識別

下線部の語が助動詞のものを選びなさい。

★ □ 10 ア　終わらない冬はない。
イ　弟は，ほとんど本を読まない。

★ □ 11 ア　ここは，ぼくの通う中学校だ。
イ　両親は，とても健康だ。

解答

1 伝聞

2 希望

3 過去

4 推定

5 受け身

6 意志

7 たとえ

8 使役

9 可能
「そうだ」「ようだ」などは，複数の意味をもつ助動詞。

10 イ
助動詞は，それ自体では文節をつくれない。

11 ア
断定の意味の助動詞「だ」か，形容動詞の活用語尾《ごび》の「だ」かを見分ける。

ぷちトク！「れる・られる」

「れる・られる」は「受け身」や「可能」のほか，「尊敬」「自発」の意味がある。

例 先生が話される。（尊敬）　秋の気配が感じられる。（自発（自然に起こること））

11 活用しない付属語

重要度

助詞の意味・働き

次の下線部の助詞と同じ意味・働きのものを選びなさい。

□ **1** プラスチックは，石油からつくる。
ア　兄から数学を教えてもらう。
イ　牛乳からバターをつくる。

★ □ **2** 君さえいれば，だいじょうぶだ。
ア　時間さえあれば，できるはずだ。
イ　子どもでさえ，それぐらいは知っている。

□ **3** この本は，あなたのものですか。
ア　なるほど，そういうことだったのか。
イ　このケーキ，食べてもいいですか。

□ **4** 話しながら，駅まで歩こう。
ア　新聞を読みながら，食事をする。
イ　知っていながら，教えようとしない。

★ □ **5** 父は，毎朝，歩くのを日課としている。
ア　弟が，喜ぶのももっともだ。
イ　母のつくったカレーライスは，おいしい。

★ □ **6** 来週，ガラス工場の見学に行く。
ア　昨日，先生にしかられた。
イ　友人をむかえに駅まで行った。

□ **7** 気温が高いが，風は気持ちよい。
ア　あの山の向こうが，私のふるさとです。
イ　不安だったが，案外うまくいった。

解答

1 イ
「から」には，原因・理由を表す，動作の起点を表す，材料を表すなどの働きがある。

2 ア
「だけ」に言いかえることのできる限定の意味の「さえ」を選ぶ。

3 イ
「か」は，文や文節の終わりに付く終助詞で，疑問や感動を表す。

4 ア
接続助詞の「ながら」は，同時の動作や，確定の逆接などを表す。

5 ア
「もの」や「こと」に置きかえることのできる，格助詞の「の」を選ぶ。

6 イ
格助詞の「に」には，いろいろな働きがあるが，ここでは「動作の目的」である。

7 イ
逆接を表す接続助詞の「が」である。

ぷちトク！ 「で」の識別

「で」は，助詞だけではなく，助動詞や形容動詞の一部の場合もある。

例 校庭で遊ぶ。／ここが公園で，よく遊ぶ場所だ。／静かでない場所。
（校庭で：助詞　公園で：助動詞「だ」の連用形。　静かで：形容動詞の一部。）

重要度

12 文の成分

文の成分の順序と照応

次の指定にあてはまる文を選びなさい。

□ **1** 会ったのが一週間前だとわかる文。

ア　私は，一週間前に退院した友人に会った。

イ　一週間前に，私は退院した友人に会った。

□ **2** 小さいのが子どもだとわかる文。

ア　公園で猫《ねこ》と遊ぶ小さな子どもを見かけた。

イ　公園で小さな猫と遊ぶ子どもを見かけた。

★ □ **3** 文の成分が適切に照応していない文。

ア　私の将来の夢は，医者になって病気の人を救うことだ。

イ　私の将来の夢は，医者になって病気の人を救いたいと思っている。

文の成分の種類

次の下線部の文の成分を，あとから選びなさい。

★ □ **4** 兄も姉も，今は大学生です。

★ □ **5** 雨天の場合には，運動会は中止になります。

□ **6** 庭のバラが，きれいに咲《さ》いた。

□ **7** 片付ける時間がないので，部屋がきたない。

□ **8** 二月のある日，その日は雪が降りました。

〔修飾部　主部　述部　独立部　接続部〕

解答

1 イ
「一週間前に」が，「会った」を修飾《しゅうしょく》する文を選ぶ。

2 ア

3 イ
この文の主語は「夢は」なので，それに対応する述語になっていない文を選ぶ。

4 主部

5 修飾部

6 述部　主語・述語の関係をつかむ。

7 接続部

8 独立部

ぷちトク！ 連文節

文節が複数連なった連文節の文の成分を考える場合も，文節の文の成分を考えるときと同様に，その連文節が文の中で主語（主部）・述語（述部）・修飾語（修飾部）・接続語（接続部）・独立語（独立部）のどの役割をしているかを考えよう。

13 類義語・対義語・多義語

重要度

類義語

次の文に合う適切な語を選びなさい。

★ □ 1 豊かな(自然・天然)環境《かんきょう》。

□ 2 それは(望外・意外)な悪影響《えいきょう》をもたらした。

□ 3 九時出発を(目的・目標)にする。

対義語

次の下線部の熟語の対義語を，あとから選びなさい。

□ 4 農作物を<u>生産</u>する。

□ 5 <u>困難</u>な道を選ぶ。

□ 6 <u>現実</u>を受け入れる努力。

★ □ 7 <u>抽象《ちゅうしょう》的</u>な言い回しをする。

〔具体的　　理想　　消費　　容易〕

多義語

次の下線部の語と，もっとも近い意味で用いられているものを選びなさい。

□ 8 部屋にほこりが<u>たつ</u>。

ア　あちこちから煙《けむり》が<u>たつ</u>。

イ　水面に泡《あわ》が<u>たつ</u>。

★ □ 9 伸《の》びた枝を根元から<u>きる</u>。

ア　きっぱりと縁《えん》を<u>きる</u>。

イ　すいかを食べやすく<u>きる</u>。

解答

1 自然

2 意外

3 目標
具体的な数値を示すときは「目標」を用いる。

4 消費

5 容易

6 理想　「仮想」なども対義語。

7 具体的
「具象的」も対義語。ここでの「抽象的」は，はっきりしていない様子という意味。

8 ア
アは空中に広がる，イは表面に盛り上がるという意味。

9 イ
アは関係を断つ，イは刃物《はもの》などでものを分け離《はな》すという意味。

ぷちトク！ 対義語の分類

① 全体が反対(例 義務⇔権利)

② 一字だけ反対(例 偉人《いじん》⇔凡人《ぼんじん》)

③ 二字とも反対(例 拡大⇔縮小)

④ 打ち消しの接頭語がつく(例 満足⇔不満)

14 敬語

重要度

敬語の種類

次の下線部の敬語の種類を，あとから選びなさい。

□ 1 校長先生がお話しになる。

□ 2 お客様をご案内する。

★□ 3 先生は教室にいらっしゃる。

□ 4 11時ごろに家を出ます。

★□ 5 明日の懇談《こんだん》会には父が参ります。

〔尊敬語　謙譲《けんじょう》語　丁寧《ていねい》語〕

次の(　　)にあてはまる言葉を答えなさい。

□ 6 「お菓子《かし》」など，敬意の表現ではなく，ものごとを美しく表現することばを(　　)ということがある。

□ 7 謙譲語のなかでも，動作の対象が相手ではなく，自分の動作をかしこまっていうものを(　　)ということがある。

敬語表現

次の下線部の語を，正しい敬語に直したものを選びなさい。

★□ 8 先生がここで待つように言った。

〔申しあげた　おっしゃった〕

★□ 9 お客様がくださった果物を食べる。

〔いただく　召《め》しあがる〕

解答

1 尊敬語

2 謙譲語

3 尊敬語

4 丁寧語

5 謙譲語

6 美化語

7 丁重語

8 おっしゃった

9 いただく
「お客様」の動作ではない。

ぷちトク！ 尊敬語と謙譲語の見分け方

① 動作の主体を確認《かくにん》する。

② 動作の主体が目上の人なら尊敬語，自分や自分の身内なら謙譲語。

15 話し言葉と書き言葉

重要度

話し言葉と書き言葉の特徴と注意点

話し言葉の特徴《とくちょう》の説明はア，書き言葉の特徴の説明はイと，記号で答えなさい。

□ **1** 相手が定まっていない場合が多いため，あらたまった表現が使われる。

□ **2** 目の前にいる相手に使われることが多いため，親しみやすい表現が使われ，身ぶりなどで補うこともできる。

★ □ **3** 文の構造が平易で，内容を一部省略できる。

□ **4** 何度でもくり返し確認《かくにん》することができる。

□ **5** 漢字表記などで語の意味がわかりやすい。

話し言葉の注意点の説明はア，書き言葉の注意点の説明はイと，記号で答えなさい。

□ **6** 同じ音の言葉は，音の高低で区別する。

□ **7** 共通語を使い，情報を整理して表現する。

□ **8** その場で消えてしまうため，大事なことはくり返したり間《ま》をおいたりして強調する。

★ □ **9** 常体（だ・である）か敬体（です・ます）のいずれかで統一して表現する。

□ **10** 不特定多数の人に内容が正確に伝わるよう，必要に応じてひらがな・カタカナ・漢字を使い分けて表現する。

解答

1 イ

2 ア
「ですね。」「よね。」など。

3 ア

4 イ

5 イ

6 ア　「雨」と「飴《あめ》」など。

7 イ

8 ア

9 イ
文章を書くときは，必ずどちらかに統一すること。

10 イ

ぷちトク！ 話し言葉のような書き言葉「チャット」

チャットは文字を使った会話に似たやりとりだが，話し言葉のような感覚では伝わらないこともある。親しみやすい表現を使うことはできるが，あくまで書き言葉であると理解しよう。

16 文章の構成

重要度

文章の構成

解答

次の(　　)にあてはまる語を，あとから選びなさい。

★ □ **1** 説明的文章では，序論部分で話題提示や，課題の投げかけである(　　)が行われる。

1 問題提起

□ **2** 文学的文章では，起承転結の起の部分で，話の(　a　)となる出来事が起こり，転の部分が話の(　b　)となり，状況《じょうきょう》が大きく動く。

2 a 発端
b 山場

★ □ **3** 意見文で自分の意見を文章の最初に示し，続けてその根拠《こんきょ》などを示す構成を(　　)型という。

3 頭括

★ □ **4** 意見文で自分の意見を文章の最初と最後に示す構成のしかたを(　　)型という。

〔頭括《とうかつ》　双括《そうかつ》　問題提起　発端《ほったん》　山場〕

4 双括
意見を冒頭《ぼうとう》で述べるのが頭括型，最後に述べるのが尾《び》括《かつ》型。

□ **5** 次の意見文の内容を，序論・本論・結論の順に並べ直しなさい。

ア　よって，制服はあったほうがよい。
イ　アンケートでは私服よりも制服は経済的でよいという意見が多い。
ウ　中学生に制服は必要か。

5 ウ→イ→ア
序論…問題提起
本論…事例・根拠
結論…まとめ・意見

□ **6** 次のお話の内容を，起承転結の流れに沿って，順に並べ直しなさい。

ア　遅《おく》れてきたのに笑顔《えがお》の友人たち。
イ　「おめでとう！」クラッカーが鳴った。
ウ　予定の時間なのに会場には誰《だれ》も来ない。
エ　そうだ，今日は私の誕生日だったんだ。

6 ウ→ア→イ→エ
起…物語の起こり。
承…起を受けて話がすすむ。
転…状況が大きく動く。
結…結末。

ぷちトク！ 新聞から文章構成を学ぶ

新聞の社説は主題を見出しで示す頭括型や，記事の末尾でもまとめ直す双括型の文章構成で書かれていることが多い。また，4コママンガは，起承転結の構成でできていることがある。

17 意見と根拠

重要度

意見と根拠

★ □ **1** 今日は傘《かさ》を持っていったほうがよい。という意見の根拠《こんきょ》としてより適切なものを選びなさい。

ア　曇《くも》っている。　イ　降水確率が80%だ。

□ **2** 朝食は毎日きちんととるべきだ。という意見の根拠としてより適切なものを選びなさい。

ア　朝食をとったほうが，集中力が維持《いじ》できるという実験結果がある。

イ　朝食をとらないと，胃腸に負担がかからず，睡眠《すいみん》時間を確保することもできる。

★ □ **3** A中学校では地域の小学生との交流会を企画《きかく》している。「交流会で部活動体験を行おう。」という意見の根拠としてより適切なものを選びなさい。

ア　中学の部活動の内容は小学六年生にとってもっとも気がかりなことだろうから。

イ　A中学校には運動部と文化部を合わせて20の部活動があるから。

ウ　事前調査で「どんな部活があるか知りたい」という回答が最多だったから。

□ **4** 次の意見と根拠をつなぐ考えとしてより適切なものを，あとから選びなさい。

意見…プラスチック包装を紙包装に変えよう。

根拠…紙に変えればプラスチックごみが減る。

ア　プラスチックごみが海洋を汚染《おせん》している。

イ　紙のほうがプラスチックより手になじむ。

ウ　プラスチックごみはリサイクルできる。

解答

1 イ

2 ア

3 ウ

アはそうとは言い切れない。イは意見とのつながりが弱い。

4 ア

イは意見の根拠である「プラスチックごみが減る」という内容とつながらない。ウは根拠とも意見ともつながりがない。

ぷちトク！　説得力を高める

- 主観の入らない客観的な事実や信頼《しんらい》性の高いデータを示す。
- 意見とそれを支える根拠とのつながりを明確にする。

18 具体と抽象

重要度

具体化と抽象化

次の語を，具体→抽象《ちゅうしょう》の順に並べなさい。

□ **1** ア　スポーツ　イ　サッカー　ウ　球技

次の語を，抽象→具体の順に並べなさい。

□ **2** ア　飲み物　イ　コーヒー　ウ　液体

□ **3** ア　文字　イ　記号　ウ　アルファベット

次の(　　)にあてはまる語を答えなさい。

□ **4** 食べ物─┬─おやつ─┬─(　　)─┬─ケーキ
　　　　　├─おかず　└─和菓子《わがし》　└─プリン
　　　　　└─主食

次の(　　)にあてはまる語を，あとから選びなさい。

★□ **5** めん類，(　　)，うどんやそばが好きだ。

★□ **6** 一つの食材を，煮《に》たり，焼いたりして食べた。
(　　)，調理方法を変えてみたのだ。

〔つまり　　だから　　たとえば〕

□ **7** 次の三つの具体例を抽象化してまとめたものを，あとから選びなさい。

・家族の三日分の水や食料を常備している。
・寝室《しんしつ》の家具が倒《たお》れないよう固定している。
・避難《ひなん》場所や避難経路を確認《かくにん》している。

ア　災害への備えができている。
イ　非常時の食料の備蓄《びちく》ができている。
ウ　台風が来ても問題ないようにしている。

解答

1 イ→ウ→ア
サッカーは球技の一つで，球技をさらに抽象化したものがスポーツ。

2 ウ→ア→イ

3 イ→ア→ウ

4 洋菓子
具体的なものがどのような観点でまとめられているかを考える。

5 たとえば　具体化する語。

6 つまり　抽象化する語。

7 ア
イは水や食料にしかあてはまらない。ウは家具を固定することにあてはまらない。

ぷちトク！ 具体化，抽象化の意義

• 具体的な複数の事例は，抽象化することで全体がつかみやすくなる。抽象的な内容には，具体例をそえると内容が伝わりやすくなる。

19 情報の整理

重要度

情報の整理

次の文は，どの図表の特徴《とくちょう》を説明したものか。適切なものをあとのA～Eから選びなさい。

★ □ **1** 出た意見を付箋《ふせん》などに書き出し，共通点や相違《そうい》点に着目してグループに分け検討する。たくさんの情報を整理するときに有効。

□ **2** 複数のものごとの特徴を，共通点と相違点とに分類することができる。

□ **3** 目的に合った「観点」を選んで整理することで，情報が比較しやすくなる。

□ **4** 中央に課題やテーマを書き，そこから連想する語句を次々と書いて線で結び，発想を広げていくことができる。

□ **5** 座標軸《ざひょうじく》を使って，意見の傾向《けいこう》や度合いを評価することができる。

A

	観点1	観点2
a		
b		

B

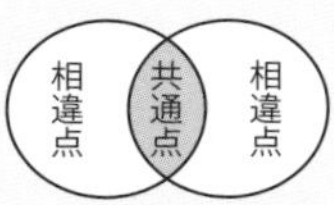

C

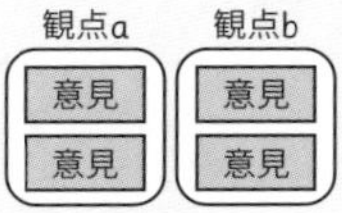

D

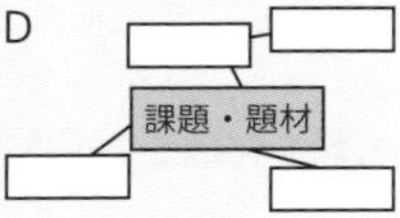

E

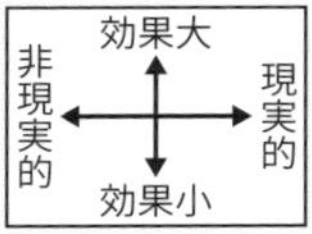

解答

1 C
アイデアを観点ごとに整理したり全体の方向づけをしたりするときに役立つ。

2 B
比較《ひかく》するものごとが三つの場合は円を三つにする。

3 A
数値や，複数観点での情報の比較がしやすい。

4 D
マッピングは，思考の道筋を立てたり意見を関連づけたりするときに役立つ。

5 E
この図では，座標軸の右上が現実的で効果が高い。

ぷちトク！ ほかにもある！ 情報整理の方法

上層に向かって内容をしぼりこみ，焦点化《しょうてんか》することで，情報を構造化することができるピラミッドチャートなどがある。

20 古文

重要度

歴史的仮名遣い・重要古語

次の下線部の語を，現代仮名遣《かなづか》いに直しなさい。

□ 1 よき一言いふものなり

★□ 2 古き人はおほせらりし

□ 3 よろづのことは，月見るにこそ

□ 4 人にも見えずこもりゐて

★□ 5 神仏にまうして

次の語の意味としてあてはまるものを，あとから選びなさい。

□ 6 おどろく

★□ 7 めでたし

□ 8 ののしる

〔 立派だ　大声で騒《さわ》ぐ　目を覚ます 〕

古人のものの見方

次の作品(随筆《ずいひつ》)の説明としてふさわしいものを，あとから選びなさい。

□ 9 徒然草《つれづれぐさ》(兼好《けんこう》法師)

□ 10 枕草子《まくらのそうし》(清少納言《せいしょうなごん》)

ア　無常観にもとづいた批判的な考えが述べられている。

イ　日常の中の感動や四季の美しさが作者の視点で描《えが》かれている。

解答

1 いう

2 おおせらりし

3 よろず

4 こもりいて

5 もうして
歴史的仮名遣いの「ア段＋う・ふ」の音は現代仮名遣いでは「オ段＋う」の音になる。

6 目を覚ます

7 立派だ

8 大声で騒ぐ
ここに挙げた言葉は，現代語とは異なる意味をもつ古語である。

9 ア

10 イ

ぷちトク！ 覚えておきたい歴史的仮名遣い

歴史的仮名遣いの「イ段＋う・ふ」は，現代仮名遣いでは「ゅう・イ段＋ゅう」になる(きふ→きゅう)。同様に，「エ段＋う・ふ」は「ょう・イ段＋ょう」になる(えうじ→ようじ)。

21 短歌・俳句

重要度

短歌(和歌)・俳句の表現技法

次の説明に合うものを，あとから選びなさい。

★ □ **1** 体言止めで終わっている短歌(和歌)

★ □ **2** 冬の季語が用いられている俳句

□ **3** 二句切れの短歌(和歌)

□ **4** 初句切れの俳句

□ **5** 字余りの短歌(和歌)，あるいは，俳句

□ **6** 夏の季語が用いられている俳句

ア　春の夜《よ》の闇《やみ》はあやなし梅の花
　　色こそ見えね香やはかくるる

イ　梅の花あかぬ色香もむかしにて
　　おなじ形見《かたみ》の春の夜の月

ウ　鉢《はち》の子をわが忘《わす》るれども取る人はなし
　　取る人はなし鉢の子あはれ

エ　梅雨《つゆ》晴れやところどころに蟻《あり》の道

オ　遠山《とおやま》に日の当《あた》りたる枯野《かれの》かな

解答

1 イ

2 オ

3 ア

4 エ

5 ウ

6 エ

短歌は五・七・五・七・七の三十一音，俳句は五・七・五の十七音の定型詩である。

俳句の技法

俳句「夕立や草葉をつかむむら雀《すずめ》」について，あとの問いに答えなさい。

★ □ **7** 季語と季節を答えなさい。

★ □ **8** 俳句の中の「切れ字」をひらがな１字で答えなさい。

解答

7 季語 夕立　季節 夏

8 や

ぷちトク！ まぎらわしい季語

小春《こはる》	×春	○冬…小春とは，初冬の春のような陽気のことをいう。
竹落葉《たけおちば》	×冬	○夏…竹の古い葉が落ちるのは冬ではなく夏である。
お盆《ぼん》	×夏	○秋…八月は夏ではなく秋のあつかいとなる。

22 漢詩

重要度

漢詩の知識

返り点に従って□に読む順番を書き入れていくとき、**□**に入る漢数字を答えなさい。

★ 1 □□**□**レ□レ□。

★ 2 □**□**二□□一□。

次の説明に合う漢詩を、あとから選びなさい。

3 一行が五字で、四行から成る漢詩。

4 一行が七字で、四行から成る漢詩。

5 一行が五字で、八行から成る漢詩。

6 一行が七字で、八行から成る漢詩。

〔五言絶句　五言律詩
七言絶句　七言律詩〕

次の漢詩について、あとの問いに答えなさい。

両人対酌山花開
一杯一杯復一杯
我酔欲眠君且去
明朝有意抱琴来

両《りょう》人《にん》対《たい》酌《しゃく》山《さん》花《か》開《ひらク》
一《いっ》杯《ぱい》一《いっ》杯《ぱい》復《まタ》一《いっ》杯《ぱい》
我《われ》酔《よヒテ》欲《ほっス》レ眠《ねむラントきみ》君《きみ》且《しばらク》去《さレ》
明《みょう》朝《ちょう》有《あラバ》レ意《い》抱《だキテ》レ琴《きんヲ》来《きタレ》

★ 7 漢詩の種類を答えなさい。

8 四行から成る詩の構成を、漢字四字で答えなさい。

解答

1 五

2 四

3 五言絶句

4 七言絶句

5 五言律詩

6 七言律詩

律詩は、二句を一組とし、全部で四連から構成されると考えよう。

7 七言絶句

8 起承転結

ぷちトク！ 押韻《おういん》

同じ音の漢字を句の終わりにそろえることを，押韻という。

五言絶句（第二，第四句末）　七言絶句（第一，第二，第四句末）

五言律詩（偶数《ぐうすう》句末）　七言律詩（第一，偶数句末）

ぷち まとめ

覚えておきたい動詞の活用表

動詞の活用表を確認《かくにん》しよう

活用形	主な続き方	五段			上一段	下一段	カ変	サ変
基本形		書く	読む	言う	起きる	受ける	来る	する
語幹		か	よ	い	お	う	○	○
未然形	—ない —う —よう	—か —こ	—ま —も	—わ —お	—き	—け	こ	し さ せ
連用形	—ます —た —て	—き —い	—み —ん	—い —っ	—き	—け	き	し
終止形	(言い切る)	—く	—む	—う	—きる	—ける	くる	する
連体形	—とき —ので	—く	—む	—う	—きる	—ける	くる	する
仮定形	—ば	—け	—め	—え	—きれ	—けれ	くれ	すれ
命令形	(言い切る)	—け	—め	—え	—きろ —きよ	—けろ —けよ	こい	しろ せよ

※「来る」「する」のように、語幹と活用語尾《ごび》の区別がない動詞もある。